U0911522

女性的灵力

[日] 柳田国男 著

姚奕崴 张琦 译

西南師範大學出版社
国家一级出版社 全国百佳图书出版单位

万墨轩图书
WIPUB BOOKS

目　录

序　言

如今，还是有很多家庭留有以前的习俗，不会让女孩吃供奉神灵的供品。问及原因，大多数人都说是因为女孩吃了供品会嫁不出去。虽然从常识来看这种理由纯属无稽之谈，但仍有父母对此心有顾虑，极力遵循习俗。不过由于这类禁忌并不起眼，所以有些人很容易就忘记了。若是谁碰巧有好几种都不知道，便会招来他人惊奇的目光，受到讥笑和嘲讽，落得颜面尽失。姑且不论善恶，假设人类的一切所作所为都意有所图的话，那这用常识无法解释的习俗之中或许反倒蕴藏着我们未曾知晓的前人的智慧。经过近三十年的思索，我有了一个猜想——那种禁忌，或许是人们因误会而产生的。早先的敬神者必须是未婚女子，而享用供品的又必须是代表神灵的那位女性，这是两种约定俗成的做法，前者无非是出于神圣性上的考虑，后者则是顺理成章的事。但过去的人们没能看出这些缘由，以为吃了供品的女孩都没法结婚，于是传下了那样的习俗。对现实生活的兴味会随着岁月的积淀愈发浓厚，越来越多的父母希望他们的孩子可以品味家庭的快乐，而不是过着与此相反的清静又孤寂的日子，所以这两个愿望——敬神与避免女儿嫁不出去——才会因信仰之故而难以取舍。日本的神道教中很早就有专于此业的神职人员，但由于他们迅速地淡出了历史舞台，所以保留下来的大多就只有类似穿着袜子睡觉会让父母早亡之类的所谓迷信部分，还有很多以“发疯”为结局的训诫，诸如把谁剪下来的指甲丢到火里的话那人就会发疯；在走廊梳头，掉落的头发被风吹入鸟巢的话，头发的主人就会发疯等。可见，传播神谕者必得癫狂，这是步入巫道的方式之一，而那些训诫，或许正是暗示着追求如此命运之人曾经存在的重要资料。

我们把这些零散的、难以解释的旧习俗称为“民间传承”，与西方语言中的“Folklore”的含义大致相同。我们意欲确认它们在文化史中的意义，极尽所能列举例子来阐释个中奥义，当然，这也是涉足这一学科的人们的一个共同愿望。然而，近来它在日本开展得并不顺利。主要原因有二：一是大众普遍对这些事的来龙去脉没什么印象。很多人觉得“反正老百姓们会做一些他们自己也搞不懂的事情，而且因为缺乏教育，他们也会不时想一些无意义的事”，所以从一开始就对此毫不在意。有的人则表示不敢苟同，他们认为，即使是文盲，也能从父母传授的经验中一点点积累知识。但这两种人也都被惰性所驱使，对眼前事漠不关心，对某些习俗从不感到诧异，也不会去质疑。换句话说，虽然可以用来研究的民间传承数量足够丰富，但大家都视若无睹，其结果就是收集工作犹如蜗行，转达起来也不准确。这便是第二个障碍。我这一部文集就可以向大家证明，这门学科鹅行鸭步般的研究进度是多么的令人惋惜。

明治末年，我曾在一座大型图书馆中任职，亲身感受到了什么叫作“汗牛充栋”。简单来说，我当时沉醉在丰富的文献中不可自拔，甚至还错误地梦想着，或许只要废寝忘食地阅读，就能掌握日本所有的旧事。但后来我才发现，实际上，如果在读书之前没有头绪、没有准备，便无法真正融入书海；如果不预先确定目标，书籍也不会随随便便就甘心成为我们的得力助手。最后让我选择这一研究的起点，就是宛若芥子般细小而零散的民间传承，和我那一心想要解开其中谜题的孩童般的好奇心。踽踽独行在那些经历与我完全不同的人们中间，孤苦伶仃的日夜反而助燃了我的研究热情。正值《乡土研究》杂志问世，我班门弄斧地选择从“巫女考”这一问题入手，慢慢积累了三十余篇文章。此次从中选取十篇左右自以为较为少见的，即便是那些对此问题漠不关心的人也会乐意一读的篇目罗列于此。令我自己都感到十分惊讶的是，文中引用的大多都是比较古老的书目，其中，至关重要的民俗部分好似糯米饭中的红豆一般。我难以辩解，这是时代所致。如若有条件从同胞眼前的真实生活中搜集对比流传下来的风俗，我也就不必如此依赖古书文献了。文献虽然准确，但毕竟为数不多。如果想将这些文献彻彻底底研究一遍，恐怕又会生出许多新的疑问，而若非如此又必然会导致牵强附会。近代的文字记录数量可观，但大多有失偏颇，为求真实非严格把关不可。如果真的要做到以上两点，那就必须在茫茫书海之中耗费大量的时间。最令人苦恼的是在大家看来，似乎这就是日本民俗学应有的样子。如今，资料准备就绪，方法基本完善，应该已经没有必要再将那些开拓先驱们披荆斩棘的往事奉为圭臬了。

或许有人要问，既然如此，为什么还要出这种成不了典型当不了标杆的书呢？原因之一，是我想树立一个里程碑，将它用作参照，便于日后回顾学科发展进度，但更重要的是，我觉得通过对这些零散断续的民间传承的关注，能更容易地读懂古籍文献。那些自以为错过了的事实，一经文字重现，就会不断闪烁起新思想的光芒，但我也不知道这是否只是自己的过分乐观而已。为此，我愿意接受来自读者的公正的审查。问题远比想象的要艰巨得多。无边无尽的荒漠横亘面前，我深切地感受到，以往探索过的只不过是冰山一角。从另一方面来看，时代也在召唤着我们发掘“女性的灵力”。这本书就是一个证明。在过往的精神文明的各个方面，日本女性始终在辛勤付出，并在一些时期有意无意地发挥了指导作用。不过一旦逐渐显示出专业化的倾向，这一特色便被驱赶到家庭之外，并渐渐被纳入了受人轻视的行列。或许，那些从未尝试过的可能性，至今仍沉睡在这些温软的胸膛之中。为了找寻这些隐匿的过去，并使之成为新社会的一份力量，只凭埋头苦学是不够的，与其说提示存在于日常生活中，不如说是存在于我们偶然的灵光一现之间。唯有这种体验是无法与人分享的。以前的父母因为担心女儿的一生不能一帆风顺，于是不让她们接触供品，而今这种过分操心已无必要。即便是为人妻、为人母之后，也有越来越多的女性想要以自己的力量去追求更为广阔的幸福生活。现在，将传统女性公认的好品质——“贤”“雅”重新拾起，就是大胆迈出的一小步。纵然生活在何等虚幻之中，我也不会失落放弃，因为我坚信那个希望的时代必将到来。

柳田国男

昭和十五年八月

女性的灵力

一

今年春天，恰逢漫山遍野樱花初开的时候，我回到了久违的故乡。与那里的年轻人聊了聊，不禁感慨世事变迁。“青山依旧在”一类的词句，时常出现在日本的和歌文章中，几乎变成了一个固定的套路。然而，就在我阔别了三十余年的故土，变化可谓是天翻地覆。河流改道，架起了新的大桥，童年戏水时放衣服的那块大石头，如今也只在河道中露着一个不起眼的圆顶。红彤彤的太阳映照着周围的山岳，万木枝繁叶茂欣欣向荣。阳光分外柔和，不禁让人联想云霞雾霭细雨绵绵之时，应是愈发富有风情。屋舍多是瓦房，门前栽种的植物健康茁壮。周游各地之后才发现，我们村是日本难得的好地方。房屋南北通透，依山傍水，日照丰沛，左右山丘高低有致，山坡斜度恰到好处，十分适宜种植水稻，即便没有濑户内海的丰富供给，也是一片古人钟爱的定居之地。这里自古就具备了繁荣的条件，但也正是因为太过执迷于幸福的生活，一些人为了本不该发生的争执斗得不可开交，于是乎有的人满怀遗憾地离开了这里，而另一些无法远走他乡的人们只好留下，默默承受苦闷。如果要在今非昔比的青山绿水中和谐共处，居民们的性格中必然要发生一些明显的变化。但对于我这种游子而言，要亲自发现这种变化委实不易，所以只得更多依靠亲友，请他们多讲一些。

对那些常年居住在这里老人们来说，即使发生了沧海桑田般的变化，恐怕他们也很难注意到。更何况父子祖孙之间心态的不同就像是进步之路上的一头一尾，时代的风尚日新月异，老人们想要与时俱进地体察领悟几乎是不可能的。勉强为之将新生事物列举出来，全国大体也是一样。各村镇的聪明人层出不穷，即便是出身贫寒的人，也不会轻易妥协、安于现状。他们深知，墨守成规式的埋头苦干如今未必能够奏效。铁路、电话等新事物将新的机遇带到了乡间，不用大费周章跳出乡里，也能够在村子里创造富有的生活。不过，因为成功者一直以来大抵都是那些能够在无数的智慧技术中做出正确选择的人，所以最为理想的办法还是与那些远离乡镇，在都市甚至首都工作的人保持联系。于是，在乡下住得越心安理得的人越计较村里的事，越不是“村里人”的人反倒越支持村里和睦相处，不愿意与邻居发生争执。在新的“爱乡心”形成之前，这种稍显冷淡的态度却让乡下生活变得从容起来。如果不是人心不古，忽视了地方文化传统，这小盆地也不会那么快就变得无法自给自足，以至于不得已而产生激烈争斗。最终，我的一部分友人被迫离开这片安乐乡，现在大家总算是能够祥和宁静地生活下去了。当然也有人认为，作为新生活的代价，老观念老日子的分崩离析在所难免。

其实我个人倒觉得那样也好。在我们小时候，乡下总是一派安详，群鸟翔集，鸣声不绝，山中常见野鹿猕猴，但世俗之乐却逊色于现在。如今的贫苦之人虽会有更多不满情绪，但终究还是心怀慰藉与希望，孜孜不倦地教育着年轻人，可以想象，到这些年轻人长大，他们也同样会经历新的变化。就如同曾经的我们因为太过恪守传统，所以时机一到，埋藏许久的“人类本性”便立刻显现了出来一样，寂寞旅人终会从苍茫海边折返，回到自己的故乡，至少也会怀揣着浦岛太郎般的困惑，尝试着打开玉匣，甚至是觉得机不可失。纵然曾经因为世事纷扰而将其抛在了脑后，那非在岛上立国千年之民族不可传承的风俗习惯，也绝不会在一夜之间荡然无存。如同平静的睡眠会带来奇异的梦幻，在波澜不惊的生活中反倒有人处处表现出传统日本人的做派，只是至今为止很少有人会去思考其中缘由。在我们看来是新时代的怪癖或突发情况的那些奇观当中，大多数都各有各的渊源，却难以用学术研究来解读。比如，我们郡的护林工作十分出色，不知不觉已是山清水秀，而愿意来看并由衷发出赞叹的，也不过是像我这样三十多年前在这里生活过的人罢了。这些事对古人而言太过寻常，没什么可稀罕的。然而我们要知道，其实，没有任何一部文献或备忘录里会选择记录这些“寻常事”。与此相同，那些并不为人注意的平凡人的生活，也同样不曾被保存下来。如今，要明辨所看到的当地风土民情的新变化，发掘仍未消失的古代遗风，不仅需要有坚定的志向，还要有走遍各种各样的城镇乡村之后练就的慧眼。人生苦短，又不能寄希望于来生继续，所以只得拜托各位，把平日里留心观察的事情说给我听了。

二

这样一来就打开了话匣子。别的地方我不太了解，但大体上感觉人们都变得比以前更温和了。最引人注目的是大人养育孩子的态度。从前是放养式的，让孩子到大自然中去学习玩耍，现在如此心宽的家长可不多见了。除去学费，一家人花在孩子身上的开销也不是笔小数目。虽然附近的农户早就开始饲养母牛了，但直到不久前森永的大型工厂落户对岸，人们才开始掌握挤牛奶的技术。现在每天一早就有汽车挨村挨户来收奶，一天不落。与以前相比，现在的婴儿死亡率显著下降，更重要的是，不管牛奶价廉与否，家长都会买来给母乳喂养不足的孩子喝，这个举动本身就体现了父母心态的一个转变。同样，父母对孩子的爱还表现在入学儿童的衣着上，而且这似乎与当地是否富有关系并不大。

我还听说过一则很令人意外的故事。在这个故事里，兄妹之间可谓是情深意长。现在看来，哥哥成年之后对妹妹十分呵护的事例并不少见，但放在过去就是闻所未闻的奇谈。虽然我还没有把解释的材料准备妥当，不过因为是最早映入我脑海的例子，根据不同的视点，还是可以想到几点原因的。不可否认的是，这个问题真的很有趣。

或许有人想从对这一现象的解读中找寻女性解放的过程，这个想法没有错。近世，社会伦理道德严格规定了男女有别的法则，这一法则对女性而言尤为残酷，但实际上它未必走进了每一个家庭。如果某一家的房子分为内外两间，那么里面的一间必定是女人的天地，而且越是深居，越会让人们觉得她们典雅。在邻国中国的一些地方，尽管一些女子在出嫁之后常常上演河东狮吼的桥段，但至少在出阁之前，她们还是极为矜持的。“矜持”这个词的意思通常说的是“面无表情”之意，今天在上流社会还常常能看到其残留的影子。要让人看上去显得目空一切，这可需要高超的技巧。这种无聊的风尚已经被定性为女人的癖好了，尤其是年轻姑娘对此情有独钟，这既非外部流言蜚语强加，也算不上是彻底改变了女性习惯的某一主义，只不过是不允许妹妹随便跟哥哥们胡闹开玩笑，仅此而已。

那些通过观赏古代风俗画来观察社会的人时常会产生一个疑问，那就是为什么不论什么时期，画中美人的眼睛始终是一条细线。即便是在又平创作的精细的浮世绘中，容貌倾城的妇人也必定是细眉细眼。不过，又不知道从哪一代开始发生了变化，“杏眼”成为美女的标志之一。纵然时代交替，不同时代会有不同时代的偏好，但很难想象在一个民族之中，相貌的标准竟然会如此天差地别。我想，只有技术原因或有意为之才能够抑制这种天然的继承与遗传。我家的一个大眼睛姑娘，她哥哥给她起了个外号叫“汽车妹”，以我的实际经验来说，其实这和她眼睛是大是小无关，只是经常睁得很大而已。想来当低眉细眼成为一种流行的时候，女人们不论本来眼睛大小，都会尽力避免把眼睛睁大，而是像百人一首里面的女歌者似的向前栽着身子，探着头，还要把眼睛化妆成一条线似的。大概是到了能够大大方方抬头看人的时候，人们富有张力的表情才得以解放。而那些歌者的习惯，也是在融入了大众之后，才传入了寻常百姓家里的吧。

类似的变化也出现在了服饰上。例如最近为人们所津津乐道的露颈和服。这一服装出现的最直接原因是发型，也就是为了保护脑后盘起来的格外突出的发包。至于到后来形成这样的形状来装饰脖颈，也与把眼睛弄细弄长的趣致相似，正是因为当下流行露出颀长白皙的玉颈。黑发如瀑的时代已经过去了，发髻成为恬静姑娘们的首选。为了让这个部位显得更美，出现了许许多多的设计。可是，没过几年，不论城市还是乡村，都没有人愿意在这上面下功夫了。只要不是生病，很少有姑娘会垂目抿嘴弓腰而行，大家又恢复到了收领昂首，往来自由的样子。尽管时下在日本还有很多人对此持批评态度，但这是一种解放，就如同普通兄妹平等交流成为可能一样，这其中，教育功不可没。

这一解释自然没有涵盖全部原因，不过从女性摆脱了无谓的谦逊，重拾快乐的天性，进而活跃了家庭气氛，排遣了她们那动辄陷入孤独的年轻兄长们的抑郁症来看，的确是一个值得称道的改变。可惜，当前的知识分子多是些粗俗不堪的唯物论者。这帮家伙把兄妹之间的新气象统统归结于情欲，另一批一贯流于悲观论调的人则批判起了解放之弊。简直是错得一塌糊涂。我们假设手足之情深处潜藏着年轻人或者说常人都会有的如火激情，但它起到的作用却是无害的，甚至可以说没有比这个更无害的作用了。不仅没有害处，恰是异性之间的这种力量，在保护着单纯的人们远离其他恶俗娱乐侵害。先不谈全体生物，起码在人类社会中，在一家人相依相偎共同生活的那个阶段，正是由他们这些不可相互嫁娶的男男女女组成了群落，互爱互助，维系着最大限度的和平。这正是我们平时所说的“家庭”。而回到这种最单纯的形式，不正是良好至亲关系的一种表达吗？

所以称其为情感解放也无妨，然而深入分析其动机，虽说不该杞人忧天，但只要有人无视或轻视这种自由，便会受困于传统。在过去，外人不可能看到普通家庭的妈妈大模大样地站在人群里，长大的孩子们还心平气和地聊天，女人聊女人的，男人聊男人的场景。父亲也好，丈夫也罢，男人们的正常态度往往都是盛气凌人，回话既简短又生硬，而女人则是唯唯诺诺。但母亲或妻子绝不可能内心乐意这样。在很久以前，有许多禁忌是针对女性的，例如严禁女性参与渔猎、战争这些专属男人的事务。虽然不知其究竟是出于何种原因，但这种习惯还是一直保留了下来。近来在萨摩出现了与西方骑士精神截然相反的做法，那就是将憎恶女性当成武士彰显自身强悍的标签之一。他们信奉这一戒律，甚至远甚于那些不近女色的僧人。当然，一个堂堂男子汉不可能因为稍稍接近了一下女人便立刻变成一副柔弱女子的样子。这恐怕还是源于大家深信不疑的封建残余思想——女人有着男人看不见摸不到的灵力。跨过磨刀石则石碎，跨过扁担则扁担折断，女人有着在顷刻间把男人凭借勇武造就的东西毁坏的强大力量。这种奇特的迷信如今已难觅踪影，只有莫名的恐惧感保留了下来。本应互爱互助的男女至少在外表上相互疏远，这样的状态一直持续到生机勃勃的新时代。这道无用的藩篱消失是一种必然，若是说连这都没有料想到的话，那只能说着实是不切实际。

三

但现实情况不会像动嘴说说这么简单。禁忌并不像不了解它的人以为的那样，实际上，它并不是束缚我们行为的迷信。为了使社会在某些方面变得更为方便，人们要强行制定一些律令，但本质上那不过是为了应对外部未知世界的一种对策，其他弱小的动物通常难以判断危害的大小，耗费半生用以逃遁或躲藏，人们却只要遵守一个最低条件，便可以无所畏惧畅通无阻，这同时也是人类勇气的根源所在。当然，事实上一些错误的判断推论也把许多还不如没有的条条框框当作必须托付给后代的重要事项保存了下来。今天的议院之中也不可避免。人们为了防止或缓解打破这些戒律而带来的不安，便不得不遵守它们。人类的智慧中有太多不确切的东西，想要赶走这些不安实属不易。不让女人们轻易靠近，并且不准她们参与男性工作，不仅看起来不可理喻，起因也渐渐被遗忘，没有人能够说得清楚。每当遭遇了如今这种变化，那些愁眉苦脸的老翁之所以自己也是说不清道不明，只能怪他们那深埋在体内不求甚解的惰性了。

就我们所知的学问而言，祭祀祈祷这些宗教上的行为，其最关键的部分在于对女性的管理。“巫”在我们民族当中，原则上都是女性。依据血脉和神灵的指定，后世中只有一小部分人能从事神职，其他人则都只能是凡夫俗子。但在从前，各家的女性都必须侍奉神灵，其中最为聪颖的便会成为最优秀的巫女。国家级别的神曾经也是地方神，再追溯的话，这些地方神其实就是家神，不仅如此，即便是到了现在，也有专属家庭的神灵，而且从季节性或临时性的祭祀来看，这个职责还是很重要的。而最初考虑将这一任务交与女性的理由就在于她们易受感动。每当有什么事件发生，群体中往往是她们最先显示出异常的心理作用，能够说出令人难以置信的话语。常常会有机敏的孩童亲眼见到神灵或传达神谕，但随着他们长大成人，这一特长也相应消失。不过，因为是女人生育了这些孩子，女人自然而然地就得到了关注。特别是女性与生俱来的生理特点，对其精神作用施加了强大的影响。对于要同大自然和异族争斗的人而言，从女性的预言中寻求指导很有必要，而为了进一步扭转那些命中注定的运势，对这种力量又多有依仗。因此，之所以人们后来会忌惮女性的力量，是因为一开始对她们偏听偏信，同时，就像我们在生活中会把神圣的物件摆在特别的地方一样，这也是人们始终对女性的灵力敬而远之所带来的必然结果。

到了近世其实就已经没有这样做的必要了，然而在某些情况下，弱者的力量还是被寄予了充分的信赖。并不只是那些害人的魔力，有时为了不混淆种子，也必须寻求女性的帮助，在每年最重要的插秧这一农业活动中，也体现了古人们有趣的想法和推理。他们认为因为女性有生育能力，所以但凡是重要的生产活动最好都托付给她们做。与之相伴产生的各式各样又富有古韵的活动也就顺理成章保存到了今天，而一并流传下来的还有一些神秘的禁忌，也有无数人们信以为真而口口相传的诸如御美支[①]、御直[②]等老妪与神灵交流的故事。因为这些奇谈怪论有着数千年的历史根基，所以日本的男人们对此感到不安也就不足为奇了。日本虽然大规模引进了宗教，但我们生活中的不安定、对未来的困惑与忧虑，却没有因佛教或基督教而得到消除。作为追求现世幸福的手段来说，它们显然与人们的要求相距甚远。于是，弥补这一缺陷的任务就落到了太古以来的女性身上。当倭姬命的祭祀成为一场单纯的典礼之后，人们便开始向光明皇后和中将姬祈祷，就像这样，当一种形式不能满足需求，第二种方式便应运而生。因此妹妹抚慰兄长的寂寥，或许也不过是维系我们民族延续的又一种新的力量而已。

四

最近我在采访东北地区一个冷清村落的时候，无意之中听到了一个展示了传统妹妹的灵力的事例。从盛冈向东翻过山，有一座村庄，村里有一户人家，是当地屈指可数的大户。多年以前，有一件事让村民都十分惊骇：这家的六个孩子曾在同一时间发了疯。我详细调查了原委，发现似乎是因为某种家族遗传。他们的祖父就是一个疯子，而且还健在；他们的父亲则是在疯病发作时，一头撞在了佛坛上气绝身亡。据说家中

① 即中山美支（なかやま みき）（1798 年—1887 年），天理教教祖，四十一岁神灵附体，其后近五十年间传播神谕，所作《神乐歌》《神谕》。——译者注

② 即出口直（でぐち なお）（1837 年—1918 年），大本教教祖，生于京都府，最初信仰金光教，后神灵附体，于 1892 年开创大本教。——译者注

健全的只有长子一人，但他无法承受接二连三的不幸，怀揣巨款浪迹都市，沉溺酒色，患上了严重的神经衰弱，最终投井而亡。村中寺庙的一位贤者不忍，想要救这家人脱离苦海，屡次登门拜访却无功而返。我拜访了这位僧人问询情况，才得知这六个疯子如今已经痊愈。相传在他们发病的时候，排行老幺年仅十三岁的妹妹，竟然会成为几个哥哥的首领，他们都心甘情愿听从她的指挥。比方说迎面来了个路人，妹妹只要说一声“他是鬼”，哥哥们就仿佛真的看见了鬼似的；如果一声令下“打死他”，五个哥哥便一拥而上殴打来人。这一帮人年轻身强力壮无法无天，一时间河道两岸罕有人迹。

铃木正三的《因果物语》中也收录了这则故事。询问僧侣或许能够得到一个答案，但我觉得，除了单纯的遗传因素，这其中似乎暗藏着古往今来奇闻异事的共通法则。如若我们让故事中的疯子平和一些，把他们撞见鬼的情节变成遇见神仙，或者干脆像《著闻集》中弯弓搭箭射鹿的猎人一样，让他目睹了三尊来迎的雄姿，这样一来又如何呢？可见近世的人们对奇事奇闻的分类方法是何其单纯。平时就常常发病的一个人，嘴里念念有词，说一些胡言乱语，人们会认为是这人的幻觉，或者觉得是他在夸大其词，连听都不会去听，可当三五个这样的人出现在眼前时，就只会咋舌惊叹了。从前的人们民风淳朴，心理上的倾向也基本相同，利害、兴趣、感情也都很相似，所以他们往往也会犯相似的错误，特别是像前文例子所明显表现出来的强大的一致性。不过，貌似并没有太多人认真考虑过这个问题。

例如经常能在陆奥见到的座敷童子，当地也有人把它们叫成“仓库童子”[①]等等，是个孩童模样的家庭守护神。声称亲眼见过它的人不计其数。据一位名叫关口善平的人说，小时候，他在邻居家与几个小朋友一起目睹了这位手舞足蹈的神灵。除了它是个光头，与平常所传说的头发垂至耳际的形象有些出入以外，包括衣服之类的，这人都诚实地回答说记不清了。以小孩子幼稚的思维方式来看，即便是当时一个一个找他们对证，可能也会由于提问方式的原因只会一个劲儿地点头，然后就那么记住了，把它当成自己的亲身经历。但是，如果将他们的记忆精确记录下来，必然能够发现其中的若干分歧，但在多数情况下，这些记忆会保持一致。例如日本全国无人不知、无人不晓的“天狗倒树”——大白天山间发出的一种大树被推倒似的声音。曾出现过全村同时听到声响，但之后人们到声音源头附近搜寻却一无所获的情况。而在城市里，有时则会在三更半夜听到奏乐声，而且大部分情况下，听到的人所处的地点和声音传来的方位都不同，但他们却能在同一时间听到。不过，这类节奏简单的、曾经听到过且印象深刻的声音的再现，即便是有几千个人听见，我们也可以确定都只是幻觉。刚刚开通铁路的时候，未能正点经过的火车，或是汽笛声、火车飞驰而过的声音等等，都会引得铁道两边村落的人新奇不已，也相应出现了形形色色关于火车的传言。有说是狐狸在模仿火车，有的说是傻狸猫撞上了真火车一命呜呼云云。即便是没有人带头，只要是来历足够真实，大多数人的幻觉便会趋向一致。尽管现代的人们可能已经精于生计，个性独立而解放，但事实上，仍然难以避

① 原文为“クラボッコ”。——译者注

免会被拖回到那潜伏了千百年的神秘力量当中去。

五

所以我认为即便是在大正十五年以后，这样的事也不可能消失殆尽。福岛的箭内名左卫门氏是当地的启蒙者和先驱者，他寻访了我前年曾去过的那个村庄，之后他给我讲述了这样一个故事。那个村庄周围每三十年到四十年便会出一个异能者，其能力惊人，堪称登峰造极，无论是巫术还是预言都从不出错。即使是对这人知根知底的旧相识，也会甘愿拜倒在其门下。不过，通常在一年之内这人的灵力便会渐渐衰退，大部分都会在不知不觉间消失。一般来说异能者要被别人认可，都要通过一种固定的形式：先是有若干微乎其微的征兆，之后便突然现出被附身的样子，窜上房顶，骑马似的骑跨在房梁上，又摇又晃，连大仓库都能被晃动。由于是亲眼所见，所以围观的人都会对其力量笃信不疑，明知一些现象有悖常理，但仍会一致认为这是毋庸置疑的事实。

去年初夏，我又从陆中的黑泽尻出发，途径羽后附近，和贺川两岸茂密的树林中随处可见山形屋顶的茅草房，半面搏风板朝向东面。同行的阿部君打开火车的车窗，指着其中一间说，两三个月前，那家出了一个法力高强的占卜师。看上去只是个年轻的妇人，每天来求占卜的人络绎不绝，至今仍是如此。在这一带这样的事情很常见，有时占卜师还会三五人成批出现，甚至彼此还要竞争一下，当然，她们也都是普通的农家妇女，与东北地区常说的“守子”[①]、“潮来”[②]那样的必须要修行和面授机宜的职业女巫相比还是有很大不同的。但如果不是她们一开始露了两手惊世骇俗的话，也不会有这么多人慕名而来。不过，这种特殊的情况也暴露出那些平时看似对她们蛮横冷淡，在人前爱理不理的兄长丈夫们，其实对她们的言谈举止还是暗暗关注的。通常即将要显灵的女人，提前四五天饮食会开始减少，而目光却变得异常敏锐，莫名地开始长时间待在储藏室里闭门不出，之后便不时蹦出几句令人费解的话。如果这个女人平时就有些郁郁寡欢，好钻牛角尖的话，她对家人的牵挂担忧也可能会加剧这种状况的出现。尤其是在临产或其他身体情况有所变化的时候，这种怪异的现象更容易发生。不过，当地人丝毫没有把这些与新医学联系起来，而是将其赋予了神秘色彩。虽说社会上对这类流言还保持着一定程度的关注度，但要论最疯狂虔诚的信徒，不管怎样，那必定是这家的男人们了。

然而，在那些把这当作无稽之谈，完全不相信神灵附体的家庭中，的确也从未发生过这些事。与大和丹波市近世出现的巫女教一样，无论其信众多么满怀热忱地布教于天下，但追究其根源，无一不是些“家庭制造和使用”罢了。不像开明的现在，过去人们有太多太多问题需要向神灵求问。与其向外人寻求帮助，还不如让自家女人被神灵附体来得直接。可惜，能附身的神灵形形色色，正邪优劣差别巨大，未必能如宿主

① 原文写作“モリコ”。——译者注
② 日本东北地区对巫女的称呼，即处于灵界与人间之间，负责招魂传谕的巫女。——译者注

所愿，于是人们便琢磨出一些仪式、禁忌、严格的条件等等，煞费苦心地遴选那些对人们的日常生活来说有益无害的附身贵客们。

我们民族固有的宗教就是从这一点出发而分为了两支，最终各自收获了截然不同的成就。在各家各户、部落之间的竞争中，依靠技高一筹的优秀巫女的力量，请来最为尊贵且正确的善良神灵的家庭实现了家门兴旺，从而也得到了周围乡亲们的信服。于是，随着这家得到神助的男人们事业通达，当地信仰也趋向一统。祭祀成为这一家族的事业，而那些供奉着略逊一等的神灵的家庭们，也都放弃了各自的信仰，转而投向了这一家人。但是，仅凭终止指名道姓请神之风，是不足以消除妇人为神附身这一风俗的，更令人无可奈何的是，那些比从前更为急迫的神灵，例如怒神等低级别的神灵，便像不受欢迎的客人似的，不时造访普通人家。从公认的神道来看，这些无非都是邪恶的神，但有时这些家庭会出于与这些神灵的熟悉和“交情”，而平添了几分亲切感，甚至还想要去享受它们赐予的恩典。比如说狐狸精、蛇精这些低级别的神，只要它们的灵力高于人，那么供奉它们，以礼相待，便能得到神的帮助，反过来，如果激怒了它们，相比那些善良正确的神灵，它们的惩罚可能会来得更为猛烈。家中祖先的在天之灵，以及居住地四周往来密切渊源深厚的天然的精灵们，即便有办法摆脱它们，人们通常也不忍绝情地把它们赶走。更何况处于人与神灵之间，调和翻译的任务主要掌握在温婉贤淑、能感染父兄的妇人手中。这就是为什么虽然日本的家庭宗教[①]的形态早已崩

① 意指日本古代以妇女为中心传播的各种民间迷信。——译者注

溃，但其碎片仍流传至今的原因，同时也是新的迷信层出不穷的原因。

六

时至今日，在我们所看到的历史这个舞台上，女性登场的次数实在是寥寥无几。然而，她们在政治、战争等这些重大事件的背后却发挥着不可忽视的巨大作用。当我们怀着这种看法重新审视前人的家庭生活时，便会发现那深藏不露、令人怀恋的民族心理的伤痕是多么吸引人。当然，怀恋未必意味着要回到过去。如今已经没有必要再遵循那些繁文缛节，那些我们名之曰古风的东西，自古以来不知受到过多少时势的影响，而归根结底，不管能否确认其中的哪一个才能担得起信仰原型的称号，我们也无须再对其束身听命。

尽管如此，在我们回溯历史的时候，为了方便，有时为了确定信仰变迁的标准，还会给时代命名，比如玉依彦、玉依姬的时代。众所周知，这两尊神灵是贺茂神的始祖，也是更为高级别的神社中诸神的母亲与伯父。古时候，人们会从那些由内而外散发着冰清玉洁魅力的女子中选出年轻未婚的，赋予她们尊贵的神灵形象。仍有一些古朴的神社坚守着这一信条，这些神社中，必定是由历代兄长承袭神职，担当保护和供奉神灵的责任，比起身为耶稣养父的木匠约瑟夫更为自然，并凭借神力来号令附近的人民。有时，兄弟的手足之情要强于子承父业。现在如果天神既重视古时的母系血缘，又要求女性纯洁的话，那神职只能从姑姑传给侄女，担任神职的家庭无一例外都要如此传承，之后才逐步规定了年限，允许年长以后成家，或者是不再强迫她们保持处女之身。伊势内宫外宫的“物忌父”[①]，和越前、飞驒等地的“父”[②]，都是玉依彦思想的第二次发展。

与远近各民族相比较，日本这种兄妹在宗教上的合作显得尤为自然。根据近期金田一氏的译著，在距离不远的阿伊努族的民间传说中，占据了各处山川岛屿的神灵必定是兄妹成对出现。冲绳也保留了他们民族自己的传说，但其中“御岳”[③]上的神灵也同样是男女两人。从它们对偶的名字来看，可以推测同我们古书中记载的那两位开天辟地的神灵一样也是同胞兄妹，只是到了近代之后，岛上才有了斋院祭神的风俗。从现在一些证据来看，可以肯定名门望族曾经各自小规模地供奉玉依姬。与本州地区担任神职的男子出于政治目的逐渐压制巫女的情况不同，在冲绳，直至今日祭祀活动还为女性所独占。进而在重要的祈愿中，又有了祭拜“奥那利神”[④]的习俗，也就是与成为神女的妹妹建立联系来面对神灵，如今“奥那利”[⑤]在许多岛上都已是“姐妹”的意思。虽然与这一含义类似的词汇在本州只在插秧日祭祀田神时出现，但从流传下来的歌谣传说来看，其任务却极为神圣，并且对家庭生活而言也最为重要。

① 物忌的父亲。亲生父亲或养父均可。负责辅佐物忌。——译者注

② 原文写作“テテ”，同“ちち”，即“父”。——译者注

③ 冲绳地区敬神圣地的总称。——译者注

④ 原文写作“おなり神”，也可写作“をなり神”，即姐妹神。此处采用音译。冲绳等日本西南诸岛的民间信仰，认为姐妹具有守护兄弟的灵力，男子出海时应随身携带姐妹的手帕或头发等作为附身符。——译者注

⑤ 原文写作“オナリ”。——译者注

我本想简明扼要地讲讲故事，却发现必须要加以说明的地方越来越多了。我并不想以此来下什么佶屈聱牙的学术论断。在新时代家庭当中，虽然兄妹关系看上去已是今非昔比，但女性对社会的影响力仍未有根本改变。如果女性能够用外出工作的男性们时常欠缺的敏感，觉察到最为周到的生存方式，进而能用家庭的温暖，而给予他们亲切的安慰，使他们打消疑惑，勇气倍增，那么这将不只是一个个小家庭的幸福。而要实现这种生活，就需要了解几千年来女性的生存地位，可以说，让我们这些连妹妹都没有的男人们义无反顾扛起重任确实有几分滑稽。固然人类几乎不会做无谓之事，但想都不想便将女性的灵力归为迷信，也未免太过无情。所以，我觉得重新向新时代的女性解释一下这一问题，还是很有必要的。

（《妇人公论》大正十四年十月刊）

玉依彦的问题

一

伊波普猷的毕生研究不仅对我们同时代的学子们而言犹如醍醐灌顶，而且也为未来人们求知探索之路准备了必渡的难关。昭和二年年初，《民族》杂志上所刊载的《奥那利神考》就是其中之一。不过据我所知，这个问题从那以后便被束之高阁，渐渐被人们遗忘。代表了女性同胞的奥那利神，在浩渺南海星罗棋布的群岛中，自古就被看作是其兄弟的守护神，这个词汇不仅在古典文献中多有记载，在很多地方的习俗中也能隐约看出其身影。大量有据可查的事实令我们欢欣鼓舞，可是，它真的是我们这个远东地区伟大民族的共同信仰吗？如果是，那么为什么在一些地方失传了呢？难道是它改头换面，潜藏民间而人们未能察觉吗？为了研究这个至关重要的问题，就必须了解得更多一些。它既然是这片土地上全部人类社会一度经历过的文化阶段，那么，是因为偶然而使得众多古国都忽视了它，或是踞岛而生的日本民族才会有的独一无二的经历？要解决这一问题，以现有的知识是远远不够的。作为伊波氏的同路人，我和这个问题之间有着斩不断的缘分。我添加了许多零散的注解，以便后来的学者们免去些许搜索资料的劳顿，同时也可以借此表达我们对这一问题的殷殷关切。

二

接触到“姐妹神”的相关文献后，我犹如拨开云雾见青天。大正三年，文部省整理发行了一部《俚谣集》。这部书收录的岛根、广岛两县的大量民歌几乎占了全书篇幅的一半。我就是在那时第一次看到了“奥那利”，也就是“姐妹神”。从下面的歌词中我们不难看出，“奥那利”指的是插秧日在田间劳作的年轻盛装女子。

奥那利神金樽红锦帐，
（和）光鲜摇曳红锦帐（安佐郡插秧歌）

今日雇请奥那利姬，
在兵库中町，
（唱）雇请那奥那利姬呀，

鸾舆凤驾恭迎她。（迩摩郡同上）

领：十二口锅奥那利磨呀磨得亮

插秧女：要为农神煮饭（饭石郡同上）

奥那利送饭去何方，去何方

摇橹送饭去岛上（神石郡同上）

这类歌在各村镇都有所传唱，并且都有类似上午迎神下午送神之意的语句。在其他类型的农歌或神事活动的歌谣中，同样也描绘了女人料理每天的饭食，并亲自将饭食送到田间的情景。但歌中吟咏的挂起织锦幔帐、乘轿等词句，可谓是倾尽华丽辞藻，由此可以推断，这一天应当正是祭祀田地之神的日子。

如今在中部地区以西的地方方言中，“奥那利”是“炊事”的意思。平日里就负责做饭的妇人在插秧时也同样承担着重要任务，由于她们年轻貌美，因而成为诗歌的题材。在山城贺茂神社的古籍中，“殖女”“养女”两个词汇是同时出现的。其中，“殖女”即为插秧女，“养女”的“养”便出自“奥那利”这一古语，很久以前便处于无可替代的地位。尽管“奥那利”是一个古语，且并非仅限于某一地区的方言，但除了伊波氏亲自参与编著的，由平凡社出版的《大辞典》之外，近期出版的其他词典里均未收录“奥那利”这个词。我觉得插秧歌中的“奥那利人”和“奥那利神”或许并不是指“御业”[①]，有可能和“采女”[②]或“髫发”[③]相关（皆发音近似）。正当我执迷于这个词汇的来源时，碰巧来到了冲绳，然后首次发现原来它竟然是“姐妹”的意思。大正十年一月实在值得永远铭记。奥那利在冲绳被称为“乌那利”[④]，到了先岛以后，我发现它又变成了“波那利”[⑤]和“布那利”[⑥]，同时，我又注意到在宫城、岩手两县“波那利石”十分常见，也写作“巫女石”。虽然有人将其解释为石头发出了喑哑的“呜咽”[⑦]声，因而得名“波那利”，但在远野市镇附近的传说中并不是石头，而是被当作人柱扔进水中的巫女母女，写作文字为“母也[⑧]大明神”。换言之，即便是在与琉球相隔千山万水的东北农村地区，“奥那利”也同样指的是参与祭祀活动的女性。

三

抱着这样的新兴趣，我来到了八重山郡的石垣岛，那时我家排行老四的小女儿刚满三岁。我不知道如今村子是什么样子了，但在那时人们都会在家门外竖起一块牌子，上面写着全家的名字。其中名叫波那利的

---

① “御业”的日文片假名写作“オナリ”，其中“业”即“ナリ”，指用以维持生计的工作。——译者注
② 原文写作“うねめ”。——译者注
③ 原文写作“うなる”。——译者注
④ 原文写作“ウナリ”。——译者注
⑤ 原文写作“ボナリ”。——译者注
⑥ 原文写作“ブナジ”。——译者注
⑦ 原文写作“ウナリ”，有呻吟之意。——译者注
⑧ 片假名写作“ボナリ”。——译者注

女孩数量很多，甚至超过了冲绳主岛上的名叫“牛”“釜户”[①]的。有个叫幕田的老百姓，他年轻的妻子也叫波那利，在岩崎大爷家里为我们跳过舞，脚趾上还文着刺青。在造访这个岛上第二代大阿母，多田屋奥那利的时候，我又遇到了一个名叫波那利的人。最令人怀念的还是在苍茫海边寂寞村落，前去造访保留了古代最不为人知的奥那利神遗迹的崎原御岳。那一座神社面向着波涛汹涌的汪洋大海，背靠着崇山峻岭，是岛上唯一一处与大和信仰有着明确联系的地方。而创建了这座神社，至今仍在供奉着社中神灵的家族被称为本若屋，与陆奥地区也极为相似。确切年代已不可考证，但可以确信早于明和大海啸。想来未必有那么古老。因为改动修饰不多，所以现将《由来记》原文引用如下：

上古有一地名曰大滨，有比留间久伊与幸地玉金[②]两兄弟。彼时该岛尚无锄锹镰等物，兄弟二人欲前往他处索求，乃请水手造船，二人乘船出海。后于萨州一地，名曰坊泊下町靠岸，寻得锄锹镰正欲折返，忽而出现一白发老者，问道：汝二人来自何国，所乘何人之船？二人俱答之。我乃八重山岛比留间久伊、幸地玉金，特来此岛购取锄锹镰。老者又问曰：汝岛可有神耶？若无则授之与汝。兄弟二人欣然接受。老者将一密封木匣递与二人。此匣于洋中则鸣，依其所鸣方向行船，则平安到岸。抵达后唤来汝等伯母姐妹，可开此匣。二人谨

① 两者都是琉球王朝时代冲绳的普通农家女常用名。——译者注
② 原文写作“ヒルマクイ”“幸地玉カネ”。——译者注

记拜谢。适逢顺风，二人以为神风相送，心中大喜，遂解缆扬帆，驶向大洋。正如老者所言，如海后匣鸣不止。二人称奇，开匣观之，空无一物。刹那间风向回转，吹回坊泊。先前老者复现身，问之曰：汝二人洋中开匣否？兄弟二人承认。老者将匣重新封好，叮嘱洋中切不可再次开匣。再度拜谢，顺风又起。二人欣喜，扬帆出航，如老者所言，驶往鸣响方向，平安抵达大滨村崎原。乃请其伯母姐妹开匣，转诵神谕，比留间久伊、幸地玉金始兴御岳，迄今祭礼未曾懈怠，新的御神即于此时前往该岛。

四

这个故事中最为可信的，不仅仅在于其中描写了前往萨摩坊津购买农具这一与历史相互融合的部分，还有箱神发声为船夫指示前进方向的这一灵异情节。迄今为止九州那些靠海吃饭的人们都相信这种事情，只不过打开饭柜倾听船灵神谕的方式失传了而已。而首席造船师傅会将年轻女性的头发挽成一束，当作护身符向神灵祈愿。这一做法与岛上的奥那利神信仰颇为接近。或许是因为这个风俗曾经太过隐秘，所以今天人们已经难以挖掘其庐山真面目。有些地方是把未婚男女的头发一起放进去，但流传范围最广的说法还是用船主妻子或女儿的头发效果最为明显。伊豆岛也称其为“敬奉船灵”。东京近海地区用的是女孩的头发，但据说将头发献给船灵后会折寿，因此很多人都对此敬而远之。

不过，女性能够在神灵和自家兄弟之间建立联系的传说并不是从那时起才由坊津传入的，岛上自古就有这样的传说。而且即便不是由白首老人传授，能在家里直接打开饭柜宣布神谕的也只有妈妈、姑姑和妹妹们了。现在关于八重山兄弟乘坐石垣船的起源，还流传着一个与奥那利神有关的故事。从前竹富岛有一对相依为命的兄妹，哥哥名叫岛仲，七岁，他的妹妹粟礼志五岁。一天，哥哥在福崎海边玩耍，捡到了一块新月形的小东西。他很喜欢，于是想按照它的形状伐木造一艘船。妹妹来送饭的时候，哥哥对她说，你快快长大，长大以后告诉我神仙是怎么说的，我就好给这艘船起名字了。笔者手边的这本《由来记》到了这里戛然而止，比照《遗老传说》之后才知道，那个妹妹当即吟唱神歌，愿望顿时就传递到神灵那里去了，其实也就是神灵附身在了妹妹身上。得到了神谕的岛仲造好了船，命名为“五色七色船”。这艘船之后停泊在旁边的黑岛，据说后来黑岛也仿造它建造了一艘新月形状的船，再后来传说，因为竹富岛是起源地，所以早期的船坞就设在了那里。我想这大概也都是那些大家闺秀们口口相传下来的故事吧。

岛上住民建造船只的起源是一个甚为古老的论题。所以，关于女性在造船工作中施以援手的传说，在漫长的流传过程中不可避免地会出现错误，甚至消失。但这并不妨碍我们推测出其中的蛛丝马迹。在《壹岐岛昔话集》中收录了一篇名为“钱树”的文章。这篇文章其实也不能归类到“昔话”中，而且残损严重，但其中一个片段却和竹富岛的粟礼志的故事很相像。过去在寺院里上学的孩子们每人都会有一只小船，闲暇时放在院里的池塘里比赛。其中一个穷人家的孩子因为没有做船的材料，无法参加游戏而闷闷不乐。他的姐姐哄他说，别哭了，不用担心，今晚我帮你做一条船。等弟弟睡着之后，姐姐便用地里的土捏了一条泥船，在船的外面精心装饰了一层纸。第二天一早把船交给弟弟时嘱咐说，比赛的时候不要第一个放进水里，一定要等到大家都拿出船之后再放。弟弟虽然不明白姐姐葫芦里卖的什么药，但还是老老实实地照做了。果然，这条小船非但没有沉，还能够自由航行，比其他任何一条小船都要灵活。这一来弟弟的同学们嫉妒不已。他们借机把那个弟弟灌了个酩酊大醉，结果，不胜酒力的弟弟回家便倒下了，再也没有起来。姐姐先是把弟弟的遗体摆在桌前，就好像他还活着一样，之后又悄悄地把他埋葬，并且在坟前种了一棵小树。后来，这棵树长大成为“钱树”。故事本身虽然条理混乱，但结局却揭示了真相：姐姐其实是一位神。因此，我认为这篇故事其实是一则关于船的传说，今后如果留心观察的话，或许能够从其他地方找到类似的例子，那么其中的前后经过也将会变得更为清晰明确。

五

在我国历史当中，女性在幕后发挥了显而易见的巨大作用。她们掌管了灵界的主要事务，摒除了这个世界上人眼所看不到的危害，提醒人们必将到来的灾祸，消灭了诸多难以名状的不安，甚至男人的力量无法决断的问题，她们也会给予充分的引导。然而，这些情况是否仅限于最为优秀的家族呢？或者说，虽然这是有着广泛基础的民族固有生活模式，但记录下来的仅仅是那些在国家危亡之时具有代表性的大事呢？这些问题不论是伊波氏的《古琉球的政治》还是已故的佐喜真兴英君所著的《女人政治考》，都没有给出令人满意的答案。由于研究冲绳文化史的人们态度不同，这些资料于日本而言或是愚不可及，或是能够在世界文化事业上大放异彩。然而岛上的知识分子们对此并无察觉。岁末祭祖或是稻麦抽穗等重要时节的事典，大多习惯于由女人而非男人来操办。这种分工也绝对不是最近新出现的。可见，奥那利的力量自古以来便得到了人们普遍认可，在人们忘却它的来历之前，它始终是解决大事的最为有效的手段，这个习俗要不是在极端不成熟的民族中繁衍生长，恐怕今天早已看不到了。所幸，四周被大海所环绕，使得它在岛屿之中泰然自若传承至今。

但是，纵使我们胸怀壮志雄心，欲将这些传闻事无巨细地抄录下来，怎奈天下常态乃是纷乱争斗，名门望族难以长久，如若人们被当世的纷扰阻断了视野，且歌谣文章的爱好尚未普及到这些南蛮岛民，那么故事传说消亡的情况当无出今日之右。可以说，伊波氏以及他的同道中人占尽天时地利。只要找，在大和也能发现若干记载着巫女历史的书籍文献，而且在宫廷寺院缘起以及其他传说中寻觅当时她们生活的痕迹，并非是完全不可能的。不过，那些几乎都是正面描写，而可以用来推测其所处的背景环境的资料并不多。与之相反，冲绳虽然缺乏活力，但眼前随处可见保持了传统生活风格的女性，而从那些流传下来的逸闻趣事中往往也能得到出乎意料的真实信息。对于我们这些外地人而言，这些资料实在是贵如春雨。前文提到的八重山的两则故事就出自这里。此外，另一则格外引人注目的故事讲述的是远古神话时代久米岛按司的独生女，由于嫂子的谣言陷害，使她被父亲憎恨，不得已坐着一叶扁舟漂流海上，来到了这片土地才得以安顿下来，最后成为神。这便是宫古岛船立御岳的由来。故事讲到这里似乎让人联想到不少似曾相识的例子。但宫古的这个故事后来则是美丽女子的哥哥，即按司的继承人，抛妻弃子远涉重洋投奔了他那命运多舛的妹妹，兄妹一起生活在今天的御岳。之后，女子嫁给了隅屋故里的兼久世，成为九个男孩的妈妈，但时至今日，人们仍将他们兄妹两人一同供奉在船立的大殿里。

六

有一种说法称，正是船立御岳的一支族人最先将金属农具带上了宫古岛。我想这一说法肯定有其深刻的含义。九个男孩想方设法要让他们的妈妈与外祖父相见，于是就造了一艘船，载着母亲回到了久米岛。按司为自己当年犯下的错误追悔莫及，于是父女相认其乐融融。按司拿出铁器和铁锭送给他们母子，母子众人将器具铁锭带回到宫古岛用于农耕，自此过上了富有幸福的生活。《由来记》正文记载：“其兄聪颖，工于冶锻，善制刀镰。”这里所说的“兄”应当指的是男孩子们的伯父，而非他们之中的老大。而从“黎民安度饥馑，皆拜兄妹恩泽，后乃收兄妹遗骨于船立山，以仕神之礼奉之”可以看出前文“其兄”确是女人哥哥无疑。

妹妹在哥哥的生活中发挥着强有力的领导作用，这或许从女性天生的体质、生理上能予以合理的解释。尤其是女性的一些特点决定了其更适合与神灵交流，倾听神的谕旨。而古人之所以能形成这种坚定不移的信仰，更多的应该是来源于他们真实的体验和感受。我认为这是因为这个岛从古至今很少受到外界干扰，类似的事情反复出现，使人们始终保持着新鲜的印象。人们在这片奥那利神信仰一息尚存的土地上生活，却想从那些该信仰早已荡然无存的地方的典籍中寻根溯源，结果自然是一无所获。特别是当我站在伊波君的故乡，愈发深刻地感受到翔实精准地对事实进行观察实在是太重要了。

但由于眼下自己能找到的资料寥寥无几，所以除了仔细阅读之外别无良方。八重山的大量传说都因岛上爆发的大规模动乱而灰飞烟灭，而在仅存的些许当中，宫屋岛御岳讲的是哥哥听从了妹妹传达的神谕而平安无事，名藏村的白石御岳讲的则是哥哥固执己见不肯相信妹妹，甚至挑战神灵最终被课以重罚的故事。特别是后者，其妹妹是万年青岳山的女神，和最初筑前的宗像神一样，姐妹三尊神从大和漂洋而来。其中姐姐在首里的弁之岳停留，她的两个妹妹则显示降落在久米岛的两座山峰上，值得一提的是，因为二姐的山比小妹的山要矮一些，所以后来二姐便飞上了这座八重山的最高峰，在峰顶留下了神迹。在前文我曾提到的内地的陆中山村，或是山阴地区的沿岸地带，也都流传着三位女神划分各自领地的故事，这些也都可以算作是一种线索。万年青岳的女神名叫“万年青大王”[①]，宣告其谕旨的妹妹叫作“万年青姐妹”[②]。两个哥哥一个顺从，一个反叛，各自得到了应得的奖惩。而更为有趣的是，从大和金峰山开始探究本州各地灵山，那些被神灵惩罚化作石头的遗迹，尽是些姥石、巫女石、比丘尼石，而在岛上却都是招致神灵怨怒的哥哥变成了石头。如果我们说南北方祭拜山神的信仰是同根而生的话，那么就必须仔细查明这一明显的男女颠倒。

七

在讨论这个问题之前，我想从传说的角度探寻一下奥那利神信仰逐渐式微的经过。《遗老说传》中记载了一段十分奇妙的文字。曾经，在一个名叫南风原神里的村落中有一名巫女，据说她在怀孕的时候忽然想吃阿檀果，可是她的哥哥拒绝了她的请求。于是，这个巫女一怒之下发出诅咒，从今往后，这个地方的阿檀树将永不结果。果然，此后神里的阿檀树虽然枝繁叶茂，但从未再长出过一个果实。《遗老说传》中在结尾时，只用了一句“由此可见，巫女绝非凡人”草草收场。这个故事与

① 原文写作“オモト大アルジ”。——译者注
② 原文写作“オモトオナリ”。——译者注

前文的白石御岳传说相似，可信度都很高，但仍是传统的玉依彦不服从玉依姬的例子之一。在内地有许多类似石芋、不可吃的梨的传说，可见在我们生长的这片土地上，假借神谕来解释一些特殊的自然现象是一种较为普遍的做法。从记载上找不到不可食用的原因，也可能是因为那些果蜡看上去很圣洁，所以不吃吧。在把巫女怀孕当作奇闻的年代，她们在怀孕期间的嗜好或孕吐之类的反应，都会分外受人瞩目。在毗邻的其他民族中也存在许许多多类似的传说。例如尼亚斯岛上妻子想要吃雷，在日本东北地区的盲法师中间，近来仍能从他们说唱的故事里听到孕吐时的特殊嗜好等情节。当将妹妹当作精神领袖的风气渐渐消散时，试图挽回或阻止这种趋势的想法，或多或少地为此类传说的传播起到了推波助澜的作用。

我们再向前推进一步，来看看十二月八日鬼饼[①]由来的趣谈。我们暂且谦逊地考虑一下，假如是单纯给“在这一天不吃饼就会走霉运”一个解释，那这个假设未免有些小题大做。如果哥哥是因为犯了错而被妹妹惩罚或欺负，那么这个当哥哥的肯定也是令人反感的不靠谱之人。我也更是发现了其中更为具体的一个奥那利神关系的破绽，也可以说是兄妹精神层面合作的一个裂痕。当然，到鬼饼这一步是需要有几个必经阶段的。为了探索这些，除了“上面的洞和下面的洞”之类的恶俗笑话之外，我觉得有必要多收集一些保留在村镇当中原汁原味的资料。

① 冲绳本岛民间传说之一。从前有一男子会在夜晚变成鬼袭击人畜，他的妹妹为了制止他，就在给他吃的点心里包入了铁钉，趁其虚弱之际将其踢入大海溺毙。战胜鬼怪所用的点心后来就被称作“鬼饼”。——译者注

顺便提一句，在奥羽地区广为传播的“妹妹是鬼”的故事与上文鬼饼的故事恰好相反。三个哥哥被蒙在鼓里，结果回家之后，其中的两个就被妹妹吃掉了。也有说法称三人慌不择路逃得一命。近年发行的《朝鲜民谈集》，以及似乎在更靠西边一点的地方也都能找到相似的故事。很难断言这一传说就是在纪念兄妹之间精神层面的彻底绝缘，而说二者全然无关也太过大胆。如果当时兄妹之间的关系和今天普通家庭中看到的一样清静平淡，那么没有任何理由会凭空冒出这种怪异虚幻的传说。我个人认为，有必要在各个岛屿之间，群岛之间，认真对比这些传说的异同之处。

八

再回到巫女怀孕的问题上来。侍奉神灵的家庭中的女性，在大和民族中被称为“素女”，也就是所谓与婚姻、怀孕毫无关联的一类人。这在冲绳地区一般上是出于政治动机，首先是上流社会改变法则，然后风气渐次吹向各村各镇。之前阿檀的传说中“游沓”①被写作汉字“巫女”，据说在一些地方仍流传着游沓的丈夫会短命的说法，人们在心理上还是非常厌恶的。大小祝女、神人，原则上都由家庭主妇担任，至于从何时

① 原文作“ユタ”，此处采取音译。——译者注

开始改变的，人们普遍都是丈二和尚摸不着头脑。这一点与本州的物忌、女巫师们差异最为明显。尽管朝家的斋宫斋院制早已中落，它们的威势比不上遥远的琉球闻得大君，但也不至于最后落得由男人经营的地步。相传直到明治维新之前，各地规模宏大的神社仍选择由清纯女子侍奉神灵，而偶见已成家的巫女，也通常采取包容的态度，保留职位和俸禄。长女继承家业，弟弟们外出谋生的情况在普通农商家庭并不少见，甚至在一些地方还是一种约定俗成，也同样是以出生顺序为依据。在女性担任神职的家庭中，不论长幼，家业都由女儿来继承，男子只是在表面上是同一家族而已。因此当她们的世俗婚姻得到认可，那么除了兄弟以外，还有两类人因与她们亲近而休戚相关。其中一个是她的丈夫，如果不打算把职务移交给外人的话，家庭就必须接受入赘。其次是将职务传给亲生女儿，这样做虽然会显得比传给侄女更顺理成章，但当这个孩子长大成人，又会面临着和她妈妈相同的问题。如此一来，作为姐妹神借助神力为兄弟出头的机会越来越少，只有丈夫和长大的儿子在生活中能够仰仗这种神力。据我所知，在越前今立郡中有一个自称“廷廷”的神职人员家族。这个家族就把女系传承视为一种荣誉。我觉得这样的家庭不可能有且只有一个，不能因为没有书面记载就妄下结论说没有。从前家族中的男性们并不会为此表现出愤愤不平的情绪，反而自诩非同寻常。但随着现代民法的普及，这种怪异的情况会逐渐消失。尽管我认为入赘在冲绳地区代代相传，家族制出现与否并无大碍，然而，实际情况又是怎样呢？我衷心希望今后的年轻学子能够发掘出最真实的情况，而这其实也是对伊波氏的苦功与创见，所表达的最直接的敬意。

九

或许钻研民法历史的人们早已注意到了，尽管养子制度在日本极为发达，但是，以传承香火继承家业为目的的养子却在相对较晚的时期才出现。同是婿养子，在有女无子的情况下过继来一个外姓男子，其中似乎是另有深意。不论男人有几个兄弟，必须会选定一个女子，由她的丈夫出任一家之主，即是母系相续。没有证据能够证明，在上古时期我们民族不存在“母传女”这种继承家业的方式，但如果说某些特别的传家习惯中保留了当初的痕迹，这一论断多少还是有些草率。毕竟这种情况仅限于女性正式从事巫祝之事的家庭，并且这些女人的俗世婚姻能够得到认可，也大抵是源于传宗接代的需要吧。

于是，这项研究的重点就变成了针对中世以后不同的社会情况下，各自独立开展的两种家族体制的比较，在冲绳地区则是要弄清楚祝女神人等职位的继承法则，特别是奥那利神信仰衰败变化的来龙去脉。尽管不论地理上在南方还是北方，侍奉神灵的青春少女们置身世俗都会难耐孤身寂寞，内地采取的方法是规定年限削减职能，或是干脆入赘继承，以期家族血脉绵延不绝。而在岛上，则是由最高级别的闻得大君任命，由从其他家族迁移而来的王妃来担任这一职位。这样的话，继承关系又将会怎样？虽然并没有超出固定的尊贵范围，但至少各家的男性族长们不能再运用他们优秀的姐妹灵力了。另一方面，在古老制度接近尾声的时候，民间通行的做法是接受姐妹的守护，听从她们明智的暗示。即便虚无缥缈，也没有完全消失，这着实是我们民间传承学问中妙趣横生的地方。如果各位读者能由此出发，开始关注这两大遗留习俗究竟是在何处相互抵触，又是在何处相互交融的话，那么虽不奢求能给予当今世界备受争论的家族制问题以直接参考，起码也能向日本古代史中数十页篇幅的难题投射一道豁然开朗的希望之光，甚至还能够使岛内的人们留心观察其人生迄今为止尚未开拓的诸多领域，而且还会发现，以往一头扎进书堆里的文化研究，实在是一种令人扼腕叹息、事倍功半的笨办法。

十

伊波氏的《奥那利神考》在这一门学术中可谓是破晓鸡鸣。他曾推断，从前我们中最为清丽可人的女子向神灵奉献一生的目的，其实是为了让血肉至亲的兄弟家庭能够合理地延续下去。即便只是一些极为琐碎的小事件的综合，也足以说明他的这一推断的正确性。我曾在《巫女考》一文中谈到，本州常陆鹿岛的女祭司们至今仍保留着一个古老的仪式。她们必须出自东氏家族，净身侍神，为神缝补为神供食，在此期间，无论她们年龄多大都不能同别人结婚。慢慢时光流逝，到了前任退位的时候，再根据神意从族人中选定一位继承者。通常都是姑姑将衣钵传给侄女。与在缝殿寮工作的猿女、稗田的继承方法大致相同，这种母系氏族中的情景与现在常常能够见到的叔侄间财产继承互为表里。纵然是遥拜伊势神宫的各地著名神社，大体上也都是依照这一顺序继承，又因为她们侍奉神灵的时候大多都很年轻，所以继承问题并未显得那么突出。虽然这些说法如今难辨真假，但相传在丹波，的确曾有巫女因长时间侍奉神灵而难免思凡，但就在她春心萌动的一瞬间，恐怖的怪物就会现身，无法留在山中。一旦出现这种状况，唯一的方法就是指定下一任巫女来接替她。可是，结了婚还要从事祭祀、占卜之类的神事，无论怎样听上去都显得有些伤风败俗。由于这一原因，我觉得姐妹神的传说变得愈发分散琐碎，也愈发扑朔迷离，不过，将其划出这一传说系列的看法肯定也是不正确的。

鹿岛信仰曾遍布关东以北的广阔农村，其御子神神社自古以来都为人敬仰崇拜。换言之，家中能够出一位神灵的替身是一件极为荣耀的事，而将一家平安幸福寄托在一个女性身上，从那些具有十足的目的性的劝请活动上就可见一斑。枥木县箕和田良弥君已九十高龄的祖母告诉我这么一个故事。她说："如果成为鹿岛神的妾，那么就可以永葆十七岁青春，而与鹿岛神断绝关系后，便会立刻变成老太婆，牙也掉了，头发也白了。"

当然，仅凭这么一个故事无法做出有说服力的论断，但总之这是一个值得我们关注的信仰残留。在这一方面，冲绳多少保留了一些关于姐妹神的信仰，或许在那些文献记载之外，可能还流传着一些其他的故事。在我看来，与那些并不擅长书面语言的人们闲谈聊天，反而常常能够听到精确的记忆，从这一点来说，伊波先生的方法中还蕴含着许多我们可以借鉴的地方。

我之所以将玉依彦作为这一篇的标题，一来是因为他的名字在山城贺茂的神传中记载最为详尽，二来是我个人对他的兴趣颇为浓厚。玉依彦是鸭御祖神的哥哥，贵为一族的始祖，然而他的名号却止步于凡人，今天在神社中，也没有把他奉为神灵。他守护并虔诚地信奉着他那出众的女神妹妹母子，并因此而与自己的子孙后代同享神灵的恩泽，在世界上不可胜数的母子神教中，这是其中一个至真本源。与此相比，在只有约瑟夫一个人宣扬的信仰中，不管后世有多少种解说，都不得不对一定程度的变化或重组予以认可。在此处让我们再回顾一下南风原神里的阿檀果传说，便能察觉到那位兄长明知妹妹怀孕期间的好恶，却有意给她制造麻烦的背后的深刻意蕴。她究竟是怀着天神的孩子，还是凡间再寻常不过的一位孕妇？我认为恰是在这一类难以判断的地方，才会蕴藏着混乱纠葛的动机，但也正是这种男女之间隐秘深邃的问题，才使我们无法对其进行深入的剖析。

（《南岛论丛》昭和十二年六月刊）

附 记

本文中出现的伊波氏的《奥那利神考》是一篇广为人知的佳作，《南岛论丛》中并未对其逐字逐句进行摘录，最初是在我编辑的《民族》杂志第二卷第二号中加以引述，后又用在了《奥那利神之岛》（昭和十三年）这部论集的卷首。但在此为了那些仍未有机会阅读的人，我还是对其中要点做简单的介绍：（一）女性具有保护兄弟安危的灵力。这一信仰，最近仍有在冲绳诸岛上依然保留着远行前，向同胞姐妹要上一束头发或是一方手帕之类常用的小东西贴身带在身边的习惯。（二）列举了大量距今四百多年前的神歌，以及历代的所谓“琉歌”，其中相当一部分歌咏了这一信仰，和一些伴随着信仰产生的假象幻觉。(三)此处姐妹的灵魂，自古便被称作“奥那利神”，闻得大君是一国最高级别的奥那利神，实际上凭借的是自己是国王姐妹的身份才担任了这一职位，而这一职位同今天的斋王、斋院十分相近。

正如本文所介绍的，“奥那利”这个词在现在只用于表示“姐妹”，但在本州西部广大农村地区，插秧日到田间送饭的年轻女子称为“奥那利人”或“奥那利大人”，二者的含义又是否一致？这的确是一个耐人寻味的问题，现在尚且无法回答。伊波先生认为在我们的古语中用来称呼幼女的“髫发子”一词，与“奥那利”是同源词汇（《南岛方言史考》第六十页），而如今内地的“奥那利”除了前文中出现过的插秧日之外，也只是在介绍烹饪技巧的时候才会露面而已。

之后在喜界岛发现了姐姐给弟弟造船的故事，与《壹岐岛昔话集》中的相同。而在新近问世的《冲永良部岛昔话集》中亦有一长篇，讲的是弟弟因小船而与人发生争执，他的姐姐为他造了一艘神奇船只的故事。虽然情节较为复杂一些，但结局都很类似。未来，针对这个故事的分布状况继续深入调查、对比的话，找到更令人惊讶的情况亦未可知。《今昔物语》中土佐的妹背岛的故事讲述的是兄妹孤零零地漂到岛上，后来在当地定居，成为岛上居民的始祖。这个故事开始时，也是两人在船中熟睡，不知不觉缆绳松开船舶漂走。我觉得，这恰恰证明了竹富岛的岛仲、粟礼志兄妹两人造船的故事只不过是某一个完整故事的片段。而当我发现奥州地区确实有一个妹妹变成了鬼的故事，之后便接二连三地出现了类似的例子。在泽田博士寻访飞驒丹生川村所做的记录里，只留下了诸如回到阔别十年的故乡，双亲早已离世，妹妹化作大蛇等片段，不可思议的是，其中竟然出现了大蛇在竹林中与老虎搏斗这一很没有日本味的情节。然而在南方诸岛，奄美大岛也好，冲永良部岛也好，结局都是出奇的一致：化身为鬼的姐姐被老虎咬死了，弟弟因而得救。这种相似绝非偶然。故事的梗概是一天弟弟碰巧看见姐姐半夜起床杀食了一匹马，于是弟弟就跑去告诉了父母。当然他父母没有相信，不仅如此，还一怒之下把弟弟赶出了家门。七八年过去了，弟弟再回到家后，发现家中房倒屋塌，仅剩姐姐一人。半夜时分，不知从何处跑来两只老鼠，是其父母的亡魂，说我们后悔没有听你的话，结果让鬼吃掉了，你也赶紧逃命吧。最后的结局是老虎前来报恩，救了弟弟一命。在丰前企救郡的老故事中，熊代替前文的老虎出场，妹妹化蛇吃掉了母亲，姐姐在七周年忌的时候回到家里，在妹妹的追杀之下勉强保住了性命（《福冈县昔话集》）。最令人感到意外的是与此类似的故事还发生在孙晋泰君的《朝鲜民谈集》里，而且这个故事在半岛流传甚广。至于流传的路径已不可考证，但从这些奇特的版本来看，想必不会是发生在新时代的事情。朝鲜版的故事是妹妹变作了狐狸精，后文和日本的大致相同，最终也是以妖怪狼狈逃窜结尾。而从故事中某位道士施以援手，扔出了三个瓶子作障碍物的情节来看，也与我国传说故事中的“三张护身符”十分接近，只不过是缺少了召唤老虎的部分罢了。我认为诸如兄长化鬼的冲绳鬼饼由来，或许就是对不听妹妹劝诫落得死于非命的八重山万年青岳之类分布广泛的神话的根源所在。无论如何，传说最初的形态都会有些不同，而亘古不变的，唯有妹妹举足轻重的地位了。

（昭和十五年六月）

玉依姬考

一

八幡三所这个称呼颇有历史，《延喜式》中便已记载了宇佐的八幡大菩萨[①]宇佐宫、比卖[②]神社、大带姬庙神社的名称，而石清水八幡宫的大菩萨、大带命和比咩大神等三尊神的名讳更是早在贞观七年四月神宝造进的御告文[③]中就已被提到。但是在八幡东迁初期，只有一男一女两尊神，换句话说，天平胜宝元年十一月，所谓神谕向京时，大神被奉为一品神阶，比咩神被奉为二品，第二年二月，一品八幡大神受封八百户位田八十町，二品的比卖神受封六百户，位田六十町，但完全没有见到有关第三尊神的记载。也就是说，大带命加入供奉行列形成今天的

① 即八幡神，指誉田别命（应神天皇）。——译者注

② 即神功皇后。《日本书纪》称气长足姬尊，《古事记》称息长足媛、息长带比卖命、大带比卖命和大足姬命皇后等。应神天皇之母。——译者注

③ 天皇向先祖的神灵上奏的文书。——译者注

三社形式，是在天平之后贞观之前的这一段时期之间。据《宇佐宫御社托宣集》记载，比卖神最早的一份神谕出现在天平三年正月，之后在天平六年为她建造了神社，而大带姬则是在那之后又过了八十余年的弘仁十一年方才发出神谕，仿造另两尊神开始建造神殿。尽管这部书的可信度不高，但有一点无可争议，那就是被后世奉为神功皇后的大带姬庙神社出现远远晚于比卖神社。至于《神社核录》的作者在天平胜宝年间关于神阶神封的记录中所做的眉批“无疑比咩神即为神功皇后”，不过是信口开河罢了。

那么大带姬庙神社问世，是应神天皇即八幡神这一信仰出现的原因，还是这一信仰的结果？想要弄清楚这个问题绝非易事。窃以为看似是以神谕方式而引进这种剧烈变化的八幡信仰，能够允许“大带”这种未必贴切精确的神名存在，这本身就很值得关注。换言之，大带姬神要成为息长足媛皇后，需要更为详尽的注解，同时也反映出供奉应神天皇母子二人的说法在当时尚未完全成立。关于宇佐之神究竟是不是应神天皇的疑团，已故的栗田博士在“八幡神考”（《栗里先生杂著》第一卷）中进行了充分论述，但不知得出的答案是否令人满意。我并不想画蛇添足招致纠纷，但博士的假说确实让我们感到隐隐不安。我认为，博士只研究了僧徒巫祝一类的著述，而这些书籍绝大多数都是从中世种种利害关系出发创作的，其根基不过是建立在当时各类学说之上的而已。况且还是预先认定其中包含了一定的真实性之后才去做的调查，说得不中听一点，这种调查只是在曲意逢迎自己，自欺欺人罢了，根本不能算作是一种依据。大概名列《宫寺缘事抄》的大量文献旧记，仍存在着诸多疑点，并不像后世贝原氏书中的八幡传说那样纯粹，借由它们来探究信仰的根源恐怕只能是白费功夫，充其量只能是在可信度高的资料匮乏之时的一种权宜之举。它们只能说明中世时代一些人坚信的事实当中，保留了更早一些时代人们所信任的，甚至还是误信的那些事实而已。我并不奢求在当代就能彻底揭开八幡信仰的神秘面纱，毕竟无论从哪一方面来看，现在唯一不需要争论的事，就是我们还有很多很多的事情需要争论。

作为《巫女考》的续篇，我主攻的方向便是这位“比咩大神”。在宇佐的本宫中，这尊神被供奉在三殿的中央大殿，大殿前面即为告殿，也就是拜殿。据说因为在八幡大神显灵之前，比咩大神是当地的守护神，所以它就被供奉在了正殿（《八幡宫本纪》第四卷）。在传统习惯中，通常是按照西侧神殿为第一殿，中央神殿为第二殿的顺序，而且其神阶神封都要逊色于大神，可见显然前面这个说法是站不住脚的。或许是受到了道教佛教三尊形式的影响，男山在举行劝请仪式时，都会将男神置于中央神殿，而将姬神（即女神）奉于西殿。在其他有着三座神殿的神社里，也无一不是在中央殿供奉主神。据《宇佐宫缘起》等书记载，比咩大神天平三年的神谕中也提到过“添大菩萨以助神威”，诸神之间的关系可见一斑。可是尽管如此，还是给后人留下了一个难题。如果八幡大菩萨是应神天皇，大带命是神功皇后的话，那么比母神更为亲近更为尊贵的比咩大神又来自何方呢？关于这个难题有一些大胆的猜测。例如，河内的誉田八幡和长门的龟山八幡，将应神天皇供奉在三殿的正中央，左右祭神分别是它的父母仲哀天皇和神功皇后，这在《朝野群载》之三的《筥崎宫记》等文献中也都有类似记载，但仍然无法给予宇佐、石清水、鹤冈等神社的比咩大神一个合理的解释。

二

《延喜式》集成之前，在人们的头脑当中，姬神或许只是一个普通的女神而已，但既然是作为第二宗庙[①]向朝廷表达崇敬之情，并且以“现人神”的称谓出现，构建了历史基础，显然这尊姬神必定是一位家喻户晓的名人，于是乎各种说法便铺天盖地而来。其中，认为比卖神即为玉依姬的说法，其原因极难考证，因而最获古今学者的注意。除此之外还有她是应神天皇的女儿说（《诸神记》）、姐姐说（《镰仓志》）、皇后说（《日次记事》正月二十三日条目）等等说法。最后一个皇后说倒是有一定的可能性，《愚童训》等书又记载得十分详细。相传在神功皇后向龙宫求借退潮和满潮两颗宝珠时，曾指腹中的天皇与龙王女儿定下婚约，即为“第二御前比卖大神”，故而其既成为近世“八幡即彦火火出见尊”这一说法的论据，又成为我曾阐述过的，应神乃王神误读的有力证明（《乡土研究》第一卷第十一号）。和这种荒诞不经的传说相比，把姬神视为宗像三女神的说法似乎更为有据可循，所以现在有许多学者都倾向于这一说法，但恐怕石清水等东部地区的劝请社很难表示赞同。尽管这是大宫司[②]传出的说法，贝原氏所著《本纪》和橘三喜所著《一

① 即氏族祭奠祖先的庙堂。日本有伊势神宫和石清水八幡宫两座宗庙。——译者注
② 宫司即最高级的神职，神社之长。——译者注

宫巡诣记》中都对其表示认可，而且多半可以肯定不是来自近代考古学家们的创造，但这一说法的证据，却只不过是《书纪》的《神代卷》中的一段模糊的记事："日神生三女神，降临于苇原中国[①]宇佐岛。今在海北道中。号曰道主贵。筑紫水沼君等所祭之神"（《武藏总社志》中卷）。只要宇佐这个地名不是从古至今独一无二，或者只要不能证明水沼君氏住在丰国东部且侍奉神灵，这个说法就无从立足。宗像三神的确是三体一所，并且经常用"三女神"这一名号接受人们供奉，但在式内仍是各自独立的三尊神灵。因为唯独宇佐宫才有一座比卖神社，所以只能说当时的相关传说已经失传了。还有人认为供奉在第二神殿的只是三女神之一的湍津姬命，但相关由来已不可考证。矛盾的是人们一方面认为没有理由在宇佐供奉神武天皇的母亲，另一方面却又认为供奉宗像三女神是理所应当，尽管如此，在中国地区以西的那些直接从宇佐神宫劝请而来的八幡神社中，仍有许多人对此深信不疑。

在小寺清之的《老牛余喘》中有这么一个观点。因为宗像三女神是由玉化身而为神，所以宇佐便把她们同玉依姬混淆在一起了（《下总国式社考》）。当然无论何人看到这个说法都会毫不迟疑地评价：牵强附会。不过不可否认，这是人们第一次尝试着从"玉依姬"这个神名出发来解释传说的出处，而且这也是《托宣集》等中世社记类文献第一次宣称第二神殿供奉的是玉依姬。尽管无法找到确切的佐证，但无论是神谕也好以及之后的文献也好，都不会凭空冒出这么一个观点。所以，我认

① 日本神话中介于高天原与根坚州国之间的世界。《古事记》中作丰苇原中国。——译者注

为对于这个罕见的传说，还是很有必要认真思考一下的。从栗田博士的考证中可以发现，他非常憎恶怪力乱神的中世社僧，却又从他们的笔记中选取了有关玉依姬的一节，不仅如此，为了沿袭玉依姬是神武天皇母亲的说法，以及在八幡神即为彦火火出见尊等说法上自圆其说，他甚至声称玉依姬只是“丰玉姬”的讹传。这种甄别史料的方法明显不妥。令人讶异的是，既然是要认可已有的社传，又为何对我们公认为最难以解决的灶门神社的玉依姬神视而不见呢？宇佐和灶门山之间，至少在一定时期有过相当密切的联系，灶门当地所说的“宝满菩萨”即为玉依姬，在其左右相殿供奉的是应神、神功母子。莒崎宫同样供奉的是这三尊神，只不过是将神功皇后安放在了中央（《筑紫道记》）。与近国一带的宗像三社、纪州熊野三尊权现一样，三尊神会轮流担任主神。或者就像八幡大神在延喜年间神谕所说的那样，灶门是我伯母，所以当我看到参拜我的人过灶门而不入时，心里很是难过。只要它在某一时代的力量足够掌握一些信众，那么这将同样是一个很重要的观察视角。无论是像明治初期的陵墓调查官那样，武断地下结论说这座山就是神话时代皇后的陵寝，还是像中古时期的天台僧侣，将其视为辩才天女下凡或坚牢地神现身的遗迹，相距并不遥远的宇佐或莒崎都供奉着同一个神灵，终究应该有一个合理的解释。《续风土记》的作者面对这个问题同样也是百思不得其解，他认为八幡神所说的“灶门是我伯母”的意思其实是“灶门待我亲如伯母”。姑且不论这个说法对错，就算是对的，那么这里还有一个疑问：这位莫名其妙待人亲切的女神就是玉依姬吗？有人认为玉依姬是神功皇后的姐妹或者干脆就是皇后本名，或像长门丰浦郡的乳母屋神社文献记载，原是震旦国公主，归化日本后成为仲哀天皇的乳母，抑或是像同一郡的杜屋神社记载的那样，是应神天皇的保姆（《明治神社志料》），总之越来越多的人认为她与神武天皇之母的那个玉依姬完全是两码事，同时，也有越来越多的人认为神武天皇的母亲是另外的一个玉依姬，可是，见诸文献最古老的说法仍然十分肯定灶门的玉依姬就是神话时代的玉依姬。倘若以此为基础再进一步，站在社家或信徒角度来看只是神秘而不可思议，但对于研究者而言，尽管有些不妥也只能像栗田先生一样，将天孙降临[1]之后的历史中心移往宇佐，而诸如海神往来、龙王婚约等或多或少支持其假设的原材料，则就保存在宫寺时代的传说文献之中。不过，对名称的拘泥就是谬误的开始，随着史料不断丰富，前后矛盾的情况也将层出不穷，为了让我们的讨论简单明了，首先要做到的就是吃透“玉依姬”这个神名所包含的意义。

三

大概最容易纠正也是最应该纠正的一个观点便是自古以来名叫玉依姬的尊贵女性有且只有一个。《神社核录》的作者在关于信浓埴科郡的玉依姬比卖神社的章节中如是写道：“重名‘玉依姬’的共有三尊神，很难说本社供奉的是其中哪一尊。不过从诹访神的相关缘起来看，或许

① 《古事记》《日本书纪》等神话中，琼琼杵尊奉天照大神之命，为统治苇原中国而从高天原降至日向国（今宫崎县）的高千穗峰。——译者注

是葺不合尊的妃子。”除了诹访和这座神社同属于一个国家之外，二者之间究竟还有着怎样的关系呢？想必其所说的三尊神应该是神武天皇的皇妣，三轮大物主神的妻子也就是神职的祖神活玉依媛，以及下鸭的御祖神社祭神，上贺茂别雷命的别雷命的母亲多多须玉依比卖。可是重名的女圣不计其数，又有什么理由确信诸国旧社的玉依姬就一定在这三尊神之中呢？只要不是在《古事记》《旧事记》中多次登场的神，就没有资格成为各社的祭神，这种观点完完全全是吉田一派独断专行的余弊，而我作此篇文章就是为了消除上文这些臆断。在我看来，玉依姬这个名字本身就指代着专享神灵的眷顾，而尽心竭力敬献神灵的高贵女性慢慢地便被冠以了这个名号，是完全可以理解的。其最初或许就只不过是表示高级祭祀女官的一个普通词汇。神武天皇母亲名讳玉依姬，不管是为了出任尊贵神职而助其丈夫一臂之力，还是仅仅为了取一个芳名之类的，其实都不重要，总之，我们可以确定，我们已经找到了一位货真价实的“玉依姬”了。至于宇佐和灶门山的玉依姬是否同为一人，还需要找到其他有说服力的证据了。另加一句，关于宇佐那尊被称为玉依姬的比卖神，也应当有其合理的解释。

在解释之前首先说明一下，其实在八幡之外，许多神社也供奉着比咩神[①]。在神社只供奉着两尊神的时代，一男一女两尊神名字的首字又相同，人们便会自然而然地把他们当作夫妻，若是在供奉着三尊或三尊以上神灵的情况下，比卖神往往就会显得来路不明。例如山城的大社平

---

① 即比卖神，“比咩”和“比卖”的片假名均写作“ヒメ”。——译者注

野神社所供奉的四位神灵之中的比卖神就时常遭到冷遇，幸而后来八幡神的身份得以明确，比卖神的来历这才大白于天下。而供奉了四尊神的摄津住吉坐神社，据《书纪》记载，最开始只有住吉神，之后又增加了一尊女神，经过考证，确认为神功皇后。这是《释日本纪》以来一直流传的版本。而在《奥仪抄》中也有秘说称其为“衣通姬”。此外，在春日神社和大原野神社所供奉的四尊神灵也是三男一女，与此类似，河内的枚冈神社，比卖神与天儿屋根命并排而立，根据神事仪式上的祝词可以断定，这与大带姬神配祀之前的宇佐八幡的形式基本一致。这些比卖神在民间信仰中的地位，伴随着各时代的传说发生着起伏变化，白山的菊理媛命就是其中的一个典型例子。尽管它也具备宇佐式的特点——三尊权现，但或许是受到了天台神道教理的影响，唯有比咩神早早便得到人们特殊的尊崇。其他大多数情况下，相传是主神妻子的时候，便与主神是待遇相同，若是主神的女儿或妹妹的话，就会被人低看一眼，有时甚至还会被降格到摄社、末社，从此无人问津。例如八幡的姬若宫宇礼久礼，阿苏的四宫比咩御子神等等，都属于是这种情况。用制作神灵图谱来判断其亲疏远近的做法的确看上去有板有眼，但它也弄出了像宇佐的神武天皇母亲说这种在别的地方闻所未闻，令人措手不及的说法。总之，从山城、肥前两国的淀神社，到河内道明寺的菅神的伯母、伊势辛洲宫的天照大神的姨妈等等说法为止，比卖神在过去的一定时期内，都被当作是主神的亲属而接受着信众的供奉。

四

那么这位别名玉依姬的比卖神究竟是八幡神的什么人呢？坦率地说，我觉得她应该是被称为八幡的王子神之母，也就是天神的妻子，并因此而得到人们的信奉祭拜。因为之后大带姬神的现身支持了应神天皇母子神的说法。所以这位姬神的本质已经是历历可见，而幸运的是玉依姬这个名字出人意料地保留了下来，得以与其他神社同名的神相比较，因此想要证明这个在今天看来依然可谓是令人瞠目结舌的观点其实也并不算难事。接下来我就依次列举一些例子。

即便是在九州这片受宇佐、莒崎影响最大的地区，也至少能找到两个属性明显不同的玉依姬传说。其一是肥后玉名郡玉名村大字玉名[①]的玉名大神宫，据说现在这座神社的祭神包括伊势、阿苏在内共有五尊，旧称遥拜大名神，由菊池初代领主藤原则隆之女玉依姬所创。玉名郡是玉依姬的陪嫁田，她住在一个名叫辻城的地方，每月都会去参拜阿苏。根据神谕，其所居住的山称为若宫神，遥拜宫奉为西侧相殿，而其父则隆被敬奉为八幡神。又根据一些野史传说，玉依姬原是嵯峨天皇时期人氏，迁往肥后时这个郡是为陪嫁的土地，郡本名土车之里，后因成为玉依姬的居住地而更名为玉名郡（《明治神社志料》）。留心一下，若宫

① 大字是町或村内行政区划之一，包括数个小字。——译者注

是由这个妇人首先开始供奉的神灵，虽不知道是伊势还是阿苏，但因为另有一座遥拜宫，所以可以肯定那里不是主神的神社。武士等普通人被供奉在若宫之内是八幡信仰的一个特色，但在这里或许是先有的“若宫”这个名字，而后才由此产生了相关的说法。只需注意巫女随神灵从他处迁徙而来这一点。第二个关于玉依姬的著名传说在萨南开闻山周边一带流传已久。在这个古老传说中，玉依姬之父是仙人，其母是一头神鹿，她本人容貌出众，堪称国色天香，天智天皇治世时曾招她进宫，将她纳为妃子，但她害怕后宫其他嫔妃嫉恨，便偷跑回家，之后化身为当地的山神。这个地方的民间信仰在形式上与宇佐的有相近的地方。各地一共要供奉六尊神，除天皇和玉依姬之外，另有男女各两座若宫。其中之一供奉的还是女神返回家乡半路在船上产下的公主。此外必须要多说一句，在古净琉璃“山路牛童”中所提的用明天皇微服私访的故事，在大隅萨摩附近则与天智天皇联系在了一起。麑藩近代的国学研究者们极为反感这类流言，再加上传承各国引以为傲的神话时代遗迹，你争我抢，急不可耐地将上文那些怪异的贵人流寓的传说用作了这座海峡灵山即为冲津鸟鸭著岛这一观点的论据，结果时至今日，小学生们还把祭祀天智天皇当作是在祭祀彦火火出见尊，仍在背诵玉依姬就是丰玉姬这类讹传。因为有些人想象不到世上还有第四个、第五个玉依姬，所以他们才会想出如此短视的观点和说法。开闻神社的缘起和神话时代中的龙宫记事，原本就是千差万别，而流传下来的宫中之人妒人美貌而将其远逐边土的故事，也绝非丰后真野长者一家。这个故事的版本一点一点地悄悄发生着变化，一直蔓延到奥羽地区的尽头，其古老程度堪比竹取物语。随机找出这么一个传说将其视为神代史上的讹传未免太过草率。所谓民间传说原本就不是参照历史创造出来的，况且在长年累月中，玉依姬这位女神和她的夫君，连同王子公主一直都备受尊重广为祭拜。而面对着这个重要的传说，用这种不尽真实的学术方法妄加篡改，想必是有些不妥吧。

五

祭祀木花开耶媛的子安神社和供奉玉依姬的羽黑神社在关东、东北地区的府县分布很广。其本社即羽前的羽黑山如今已是《延喜式》中所记录的伊氏波神社，公认其祭神为伊氏波神，在《和汉三才图会》等书中也能找到称其为仓稻魂命的说法。《出羽国风土略记》则认为这尊神查无实据，所以供奉的应该就是玉依姬。这座山的神灵与宇佐一样，一共有三尊，但名字都已不可考证。被视为核心信仰的反而是摄社之中的蜂子皇子。据说蜂子皇子是崇峻天皇的儿子，与圣德太子是堂兄弟，因他相貌丑陋而遭到抛弃，无奈流落边土，后又因机缘巧合振兴了当地的佛法，遁入仙道，被后世尊为灵山的始祖。在白山、箱根、伊吹等神社的草创记中也能找到类似的桥段。不过负责编著起源的法师们对史学知识常常只是略懂皮毛，时代隔绝，女神和皇子的关系很难有一个定论，但即便如此，他们把蜂子太子最早落脚的“八乙女洞”称为玉依姬灵窟，与早期的信仰联系在一起，并且如今在十二月最后一天除夕之夜守岁之时，通宵吟唱着某一段民谣，据说也是因为玉依姬生来喜爱歌谣，尤其钟爱那一段（《三山小志》），可想而知这应该是羽黑神子舞的起源。有人认为这里的玉依姬指的是宗像三女神，这大概是受到了宇佐影响，不过在《羽源记》之后，与萨摩古学者的研究相类似，其为日向王室的一位高贵女子的说法在出羽神山中也非常普遍。

今天在日本东部还有一位令人意想不到的玉依姬神。下总香取郡橘村大字宫本的东大神社，也被叫作香取御子神社，其祭神据说是玉依比卖命。其神体是来自海中的一块参透了神意的玉石，或许也正是由于这个原因，另有一个神号玉子大明神。康和三年四月，海上郡高见地区的海面极不平静，掀起了滔天巨浪，接连数日海天难辨。当地人奏请朝廷之后，将本社的神舆送往海边，灾祸立时得以平定，也是在那时得到了玉石。这件事也被视为每年四月八日在海边举行神舆启行事典的起源（《明治神社志料》）。当地曾归属于海上郡，然而却被称为香取御子神，对此我仍是一头雾水。以现在的海上郡饭冈町大字饭冈为代表，沿海九十九里处处建造着玉崎神社，其中无一例外供奉着玉依姬，这显然与上文提到的玉子社有所关联。这些玉崎神社的本社是位于上总长生郡一宫町的国币中社玉前神社，也就是上总一宫，社内分设大宫若宫两座，祭神是如今奉为生产灵尊的孩子前玉神，也可以叫作天明玉命。不过，以上这两种说法大概实质上都只是猜测而已。据《房总志料续编》记载，在该社八月十三日举行祭礼时，中原、和泉、椎木、纲田四社请出的四架神舆皆为玉前大明神玉依姬命，这至少能说明她在氏子信众当中得到了广泛的认可。而这座神社中流传的传说也与前文海上郡神灵的故事很相似。《上总国志》所记载的本社起源是这样的。从前，一个老翁在一天晚上梦见了稀奇古怪的东西，于是他第二天起了个大早去海边寻找，只见一阵东风把一个袋子模样的东西吹了过来。他翻开一看，里面是一颗明亮的珍珠。他惊讶万分，建造了一座神社来供奉这颗明珠，而神社里的神职则由风袋氏担任，也就是这位老翁的后人（《地名辞书》）。这个故事看来平淡无奇，但其实也是《本朝俗谚志》等书记载的玉前明神寄石的传说。《俗谚志》中说的是下总国，《云根志》中说的是下总的铫子浦，而在《笈埃随笔》《和训刊》等文献中又变成了前文中的一宫。这座神社的牌坊矗立在海岸边，每天海浪都会打来四五个大小不等的鹅卵石，神官会把它们捡回来堆放在神社旁边，以便村中缺少石料的村民可以拿去修补房屋，每当村民来神社参拜，临走时就可以顺便带回去几块石头。这便是所谓的“玉前寄石”。似乎古人歌咏的海上飘来的玉石，多不过是些质地坚硬的小石头，但这点微不足道的神德恐怕不足以催生出“玉寄”这一神名，况且从前的信仰绝不会如此简单。《古今著闻集》第一卷这样写道：“延久二年八月三日，上总国一宫神谕，孕育三年，今逢明君治国，若宫降生。故前往海滨，见明珠一颗，必为其真身无疑，实乃异事。”文中所说的“真身”应当就是玉前神社的神体——神玉。而存在于这座神社以及东大神社的相似传说，也不必将其视为延久奇谈的误传。想来今人眼中不异于咄咄怪事的神谕，实际上是不同时代不同场所反复出现的当地玉依姬神的恩泽吧。而为了证实这个假定，有必要对“若宫诞生”这一思想观念做进一步的探究。

六

以石为神顶礼膜拜是自古沿袭下来的风俗，而其中至少有一部分源于大海之中的灵异现象。想必那些来自苍茫无垠的大海的奇美瑰丽的石头，会让人情不自禁地相信它们包含着看不见摸不着的灵力，以及凡人理应服从的神谕。《三代实录》贞观十六年九月八日的章节这样记载："石见国上言之，两石神来自出云国，是日一并授予'从五位下'神阶。"这一说法也认为两块被海浪打上岸的石头是从出云而来，暂且不论其真伪，连同此前齐衡三年时常陆大洗岸边出现的石神，均为上总玉前神的同类。依据《文德实录》记载："一制盐老翁夜半观海，见一物光彩夺目。次日，其于水边觅得两石，尺余长，形状怪异，不似寻常所见。后一日又见二十余彩色小石，环绕前日两石四周，如同侍坐。"在国司的公文中也有"神灵再度降临于世"的记录。而且那时神灵还附身于人，宣告说："吾乃大奈母知少彦名命，昔建此国，退而居于东海，今为救黎民于水火复来之。"这一信仰稍稍改变了些许样貌之后，在滨海的村落中广为流传，并且从各地财神的由来中也能做出相应的推断。世人如今只知道熊野的那智黑可以做基石，津轻卒土滨的舍利石则是民家火炉上并不起眼的装饰。回溯过往，细心揣摩把这些石头视为珍宝的人们的心理，其必然伴随着"石成长"或"石分身"等玄妙莫测的民间信仰。我不知道这种传说中有哪一部分能够划归自然科学的范畴，但将其归为彰显神灵力量的看法在现实中却是比比皆是。南河内的驹谷村大字大黑以盛产大黑石而扬名天下。大黑寺缘起讲述了石头的来历。从前，有修行之人在葛城山修道的时候，大黑天护法在山顶现身，并将孔雀明王法传授给他。行者以此而开创修验道，并且将大黑天塑像置于山顶。据说从此以后，石川水每天都会从源头金刚山上冲下来一颗形似大黑天的小石头（《河内名所图会》）。从熊野或伊势领受的石头会慢慢长大，然后会生下小石头的传说全国人都耳熟能详。而在南海种子岛坂井浦的熊野神社，相传具有灵性的小石头长大后高度能有四尺余，并且所生之子有十一个之多，其中的一个作为分灵，在鹿儿岛又建造了一座神社。这块子石又产下一子，长大后形状与母石如出一辙。而且，据说自远古以来每年除夕之夜，都会有一块巨石从这座神社岸边的海底浮上海面，然后两块石头相连共同组成一块陆地（《萨隅日地理纂考》）。对马国船越村大字芦浦的乙宫神社是一座盐灶社，它的祭神也同样是玉依姬。相传该社每年从海里得到的神石有十二三块（《津岛记事》）。这里的“乙宫”大概指的就是若宫。以上都是神灵生下神石等说法渐渐无法取信于人之后，传说所做的一些调整变化。信州埴科郡的玉依比卖命神社，很久以前就供奉着同郡东条村的池田宫，又名矶并三社大明神（《地名辞书》）。在这座神社中也有关于石头诞生的奇闻，并且每年正月都会用它占卜，举行庄重严肃的神事活动。这块名叫儿玉石的石头可以说是无价之宝，依照明历年间的记载，每逢举行祭祀活动，便会解开用七层纸包裹得结结实实的一包石头，通过子石的数量和形状来预测领主手下各村的凶吉。第一年小石头一共有六十多颗，之后或多或少年年不同，在宝永三年时达到了二百九十二颗（《土块鉴》）。因此有人认为神名“玉依”其实是“玉占”[①]的误读，但我觉得这个看法并不可取。这座神社后山半山腰路边有一块约六尺长的大石，如果把这块石头当作是儿玉石的母石，那么可以推测，所谓无价之宝的灵石，其实和上总的玉前宫出自同一教义。

七

通过以上的例子，我想“玉依姬”这个神名的含义应该已经大致清晰了。“玉”指的是神灵本身，“依”指的是这种灵性灵力附于人的身上，尽管侍奉神灵的巫女、尸童掌握着通神的语言，但在过去，他们必须要展示出更为具体的神力和更为灵验的效果才能充分证明其远人而近神的特性。玉石产下子孙，或许只是一个象征，用以明确表示神是会分灵的。如果从另一个角度来解读的话，管理这些通神的石头应当仅限于那些以传达神谕为职业的巫女。她们有权宣称她们的祖先，也就是那些亲近过神灵甚至还为神灵生下过孩子的前辈巫女们，是独特而神奇的。因此，古代氏族才会对而今我们不屑一顾的事情深信不疑。这便是玉依姬信仰的起源。大和春日明神同样也有若宫诞生的传说。在《春日社记》

① “玉依姬”中的“玉依”片假名写作“タマヨリ”，“玉占”的片假名写作“タマウラ”。——译者注

中是这样的记载的："若宫殿下生于朱雀院御宇承平三年，其后六十六代一条院之长保五年三月三日巳时，时风五代孙中臣是忠拜见之，旧记有之。"而《诸社根元记》等书却对此持怀疑态度："若宫生而为神，保延后另设神殿以迁之。"再联系上总一宫的延久年的神谕，所以说在那个时代对这一类说法大可不必大惊小怪。我也认为无须为了一个神石分灵就查遍若宫诞生的所有资料，只需向世人展示出，古人在确立这种信仰的时候，用了哪些具体的方法。美浓方县郡水野乡楠见村某一户人家有一位二十余岁没有婚配的女儿，而这样一位未出阁的大姑娘居然怀孕三年，到了延历元年二月下旬终于生下两块石头。这个故事出自《日本灵异记》下卷。后来石头长大，变成了一丈五尺见方的巨石，一块颜色略显青色且有白斑，另一块则是通体乌青。两块石头的大小逐年增长，邻郡淳见郡内有有一位神灵，名曰伊奈波，委托卜者传谕说："此二石乃吾之子。"女子家人听到后便将这两块石头供奉了起来，可谓一件古往今来见所未见之奇闻。相传宇佐的神灵用黄金牌位做了神体，据说在神明既成之时，于马城峰发掘出了三块一丈五尺的神石，每块巨石蓄满一钵水，神灵的身影便会倒映在水中。这则故事收录于《托宣集》。为了说明此类石崇拜与比卖神之间的关系，我将会在下文为读者们列举若干例子。

八

关于贺茂和三轮两地的玉依姬传说，我特意留到这里才引用。贺茂方面，因为伴翁的《濑见小河》之中有着详尽周全的史料批注，所以我就安心将其抄录在此。根据《袖中抄》等文所引《贺茂缘起》记载，玉依日卖是贺茂建角身命的女儿，她还有一个名叫玉依日子的哥哥。一次，她在姬石河濑见小川旁边玩耍时，看见一支朱红色装饰的弓箭，也就是所谓的“丹涂矢”顺流而下。她便将其拾起带回了家插在了床边，不久她就怀孕了，后来产下一名男婴。《贺茂旧记》也收录了这篇故事：一支美箭漂至身旁，遂拾起还家插于床下，入夜，箭矢化作一美男。那个男孩长大之后，他的外祖父建角身命为了找到自己外孙的生身父亲，特意请来各路神灵，大摆筵席七天七夜，对男孩说，去向你的父亲敬酒，结果这个男孩端起酒杯，分开屋瓦问天而去。这才得知其为天神之子。后来他沿用了外祖父的名号，世称贺茂别雷神，也就是今天上贺茂神社的祭神。据说其伯父玉依日子的后裔也就是神职贺茂县主。神社所独有的，神木装点的“御阿礼”祭，据说是神谕称，尔等若欲见天神之子则需如此祭拜，即为神灵定下的仪式，而且“御阿礼”这个名词在古书记载中即为神灵诞生之意（《乡土研究》第三卷第九号）。可见有充分的证据能够证明，这个玉依姬绝对是另一位女神。怎奈学问迟滞不前，出现了种种错误。《雍州府志》第二卷中，玉依姬成了鸬鹚草葺不合尊的皇后，因劝请而来的是首位天皇之母，所以下鸭又被称为御祖神社。在《名所都鸟》第六卷中，也有同样的说法，称上贺茂的神灵即为降临到这个国家的天孙琼琼杵尊。不过，早早暴露出这些谬误倒也不算是坏事。

在接下来所要讲述的三轮神话中，将会从与前文贺茂神话最为接近的部分开始，《古事记》阐述了神武天皇皇后是神灵之子的缘由，在三岛湟咋的女儿中有一位名叫势夜陀多良比卖的美人，美和的大物主神仰慕她的美貌，化身为丹涂矢顺流漂到这位天姿国色的美女家门前。剧情类似，箭被放在屋里地板上的一瞬间，立刻变成了一位英姿的男子。他抱得美人归，不久生了孩子，取名为比卖多多良伊须气余理比卖。《新撰姓氏录》大和国大神朝臣条目记载，美人乃三岛沟杭耳之女玉栉姬，大国主神娶其为妻，每天太阳落山后前来相会，在破晓前离去，为此，这名女子故意将苎麻附在大国主神的衣服上，待天明后循着苎麻，一路找到了大和国真穗御诸山，回头再看苎麻，不过区区三萦而已，遂得姓“大三萦”。关于三轮山地名由来也见于后世的缘起，《古事记》的崇神大皇章节对此也有记载，而且要更为详细，同时还作为认定三轮神社最初的神职意富多多泥古的神子身份的依据。《书纪》中则将其记为“大田田根子”，是大物主神的后裔，且为大神氏的祖先。在西部地区的记事中，除了异口同声将这位美人的身世记为陶津耳命之女活玉依比卖之外，其他部分与贺茂玉依姬的传说很是相像。例如，父母对女子未婚先孕颇为惊诧，想方设法想要知道那个躲起来的男人的真实面目，于是叫女子在地上撒上红土，或是将穿着纺麻线的针别在那人的衣服上，等等。另外耐人寻味的是，大和与山城虽有所不同，但前文提到的大田田根子的子孙中，有一支加茂氏与大神氏同族。山城加茂氏的姓氏是县主但却不是朝臣，据称其实是从大和葛木地区迁往此处。但也不能说大神朝臣的一族住在丰前、丰后，特别是其中一些家庭还世代担任宇佐的神职人员就没有意义。而且我们还要注意，最新一个附带着三轮式神话的神灵是妪岳神，而这尊神也同样出自大神家族。

九

我想曾经一定有人讨论过贺茂的丹涂矢与这座神社神事活动中的御阿礼木之间的关系。《出云风土记》记载："佐太大神之母枳佐加比比卖命临产之时弓箭消失，女神祈愿称，若吾之子为麻须罗神御子，则令弓箭失而复得。先是一骨质弓箭顺水而下，将其取出。御子曰此非吾之箭，遂弃之。后又一金质弓箭随波而来，取之挽弓，一箭贯穿昏暗岩洞，光灿曳曳，是为加贺神埼，遂将御祖支佐加比比卖命神社定在此处。"如此看来，这位姬神便是神魂命之子。或许这同样也是神灵附体于美箭的一个例子，也与后世活人献祭故事中必然会出现的白羽箭一样，是神灵选定处女的又一种形式。《姓氏录》中女神被称为玉栉姬，箭原本就是斋串[①]中最为神速的东西，而语部[②]巧妙地让神灵附于其上就显得极为自然，不过与此同时，也不要拘泥于其名称而忽视了对其本质的探究，

① 即在竹子或神木等小枝绑上币帛用来供奉神灵。——译者注
② 仕于大和朝廷，以在仪式上讲述世代相传的旧辞、传说等为职务的部族。——译者注

将这个故事与布留川边的验之杉的传说，以及天野告门的丹生津比卖忌杖传说联系在一起来看，所谓“串”其实是与神石分身相对立的神木分身。阿礼少女[①]就是用御阿礼木逐渐地证明其灵验。三轮之神的由来在《土佐风土记》中记载为倭迹迹日百袭姬命，其大部分内容与《姓氏录》相近（此文章也被栗田博士引用在了《姓氏录考证》中，《古风土记逸文》则没有记载）。在《书纪》中所记载的崇神天皇[②]七年时，倭迹迹姬成为被大物主神附体之人并传达神谕，称祭拜我则消灾避祸，可保国泰民安。这尊神和这个女子之间的关系在《书纪》十年九月的章节中有所记载，倭迹迹日百袭姬命即为大物主神之妻。关于活玉依姬则如《古事记》所述，男神只是在夜里出现，从不暴露真容，女子难耐好奇之心，神便化身美丽的小蛇藏在女子梳妆匣里。没承想女子看到之后惊恐万分，神又羞又恼，飞身太虚去往御诸山。据说女子追悔莫及。虽然不清楚前文这样的神鬼怪异之事究竟在一尊神身上发生了多少次，但如今已经没有必要再去分辨其中孰真孰假，总之，三轮大神一直以来用“串”选定少女的习俗在各家旧传中不断地被夸张演绎，不断地被戏剧化。四国地区有很多神社都把倭迹迹姬奉为主神（《乡土研究》第四卷第十一号），尤其是在赞岐东部，有关这位女神流浪巡游的遗迹随处可见，而各地被认为是她在寻找宫居时所作标记的“验之石”的立石石碑，《全赞史》也都一一予以记述。而这些也正是三轮信仰所留存下来的明证。

---

① 日本平安时代至镰仓时代，被供奉在贺茂御祖神社和贺茂别雷神社的皇女。又被称为贺茂神社的斋院。——译者注

② 《古事记》《日本书纪》记载的日本第十代天皇，日本学术界认为其为第一位可考的天皇。——译者注

十

回过头来就八幡神由来说上几句。我也同样认为，中古时期频频出现的《托宣集》一类杂说恢诡谲怪不足为信，但如果将其单纯归为僧巫的精明机巧也有失偏颇。如果这些人有意胡编乱造新的怪谈，那么如今看到的这些传说或许反而能够更好地前后呼应首尾相顾。特别是对八幡即为应神天皇这一说法持反对意见的诸多文献，真正怀有私心的人反倒恨不得将它们深埋起来不为人知。宇佐神谕的确掺杂了许多虚假的东西，但之后神灵却予以了认可，所以流传下来一些不可信之事也在所难免。尽管如此，传达神谕毕竟是一个公开的仪式，不会因为当时感觉多有不便就不向神灵求问，更不可能用一些谎话大话冒充神谕。值得思考的是，为什么后来的那些巫女会制造出这么多矛盾重重的说法？这是一个贯穿“巫女考”全局的根本问题，如果大众心理学不进步，这一问题甚至都是不可想象的。在我看来，他们装疯卖傻、信口雌黄也好，真的云山雾罩、不知所云也好，终归不会跳出其生平的经历经验，因此他们得出的结论往往大体相同。故而，那些基于这些杂乱无章的神谕所作的文献，其记载的其实也都是经过巫祝之徒的脑袋加工之后的旧时代信仰。尽管在结合分配中会犯错误，但在传说的各个部分中新添加的成分也很少能超出其想象之外。在版本众多的八幡神传里，最离谱、最难与宇佐近世信仰调和的莫过于大隅正八幡宫的缘起了。在《惟贤比丘笔记》中亦有所记载。据这座神社的传说，八幡之母即为震旦陈大王的女儿大比留女。她七岁时怀孕，九个月后即生下一个孩子。天子大臣听闻无不惊诧，问婴儿父亲是谁，女孩回答说，只记得梦中与一位贵人同床共枕，环顾四周但见旭日之光照耀胸口，此后心中不复平静。三四年以后，母子两人怀抱印鉴乘空船[①]顺流而下，漂到了日本大隅海岸并成为当地领主。如今再看这则故事当然是非常荒唐，但这一段却被作为百济、高句丽始祖王的事迹记载在《后汉书》中，还被其后裔中归划成日本人的人所引用，甚至被当成新罗王子天之日矛的传记，写入《古事记》中。传记中说道，一个卑贱的女子午睡时，日光照射其小腹，遂有感而孕，其后产下一块红玉。红玉化作美丽女子与日矛成婚，之后东渡日本，漂流到了难波，被当地人供奉在了比卖基曾神社。在《书纪》中，比卖许曾神社之神灵化身白神石童女，从韩国漂洋过海而来，记在都怒我阿罗斯等名下。这些有关前文上总一宫玉依姬的传说，与天神和凡间少女相通这一扶余旧话一脉相承。八幡之母大比留女反映出了满怀敬畏之情以太阳神为父的信仰，从这一点来看，第二宗庙所称并非虚妄，其作为母子神接受供奉崇拜，也未必就会像《托宣集》序文中编者所担心的那样会出现前后不相吻合的情况。尽管今天的神职与解说互相矛盾，但只要有人损害神威，即使这些人不值一提，后来者也难免会受其谬误之害，所以务必要多加注意。

---

① 空船即“うつぼ舟”，也可写作“空穗舟”，又被称为虚舟（うつろ舟），在许多日本传说中均有出现。据说神佛使者或异界之人会坐其漂泊靠岸。——译者注

十一

总而言之，关于八幡三尊中的比卖神，我所能够解读出来的不外乎她是最尊贵的女性，被天神附体并生下神子，与神子一同降临日本，并被奉为神灵。她其实就是巫女的开山鼻祖。降临人世的同时神性不断增加，为了感知其神性并向凡人宣传，就需要第二个巫女，需要最初的若宫成为独立的神灵，接着是第二个、第三个若宫，于是比卖神便与比卖御子神分离开来。在“玉依姬”被确定是某一个人的名字之前，其代表的是担负着侍奉神灵、为神灵生子任务的巫女。为了证明这一观点，有必要解释一下子安神[①]的来历。不过，读者朋友们未必有听的耐心，所以我尽量几笔带过。在肥后的阿苏神社二月巳日的田作神事中，每年都会举行从子安河原奉迎姬神的神婚仪式。据说每次都会选定一个冰清玉洁的少女当作姬神的替身，在这个庄重的仪式结束之前，严禁普通女人结婚，否则农作物将颗粒无收。在阿苏郡永水村字乙姬之地，有一块子安河原神石，因为神婚仪式最初是在这块石头上进行，因此又被尊为安产的守护神。明治十三年，这块石头被送入宫中献给当今圣上，以保其平安成长（《阿苏之面影》）。常见的子安神像多是怀抱婴儿，这恰恰

① 即安产神，安产与育子之神，代表神有木花开耶姬等。——译者注

也印证了上文的推测。此外，很多时候会将相邻两社当作男神和女神，祭祀之日会举行神灵相会的神婚仪式。不难想象在这种情况下，巫女常常会充当神灵附体者，参与到仪式当中去。可是据《大神宫诸杂事记》记载，伊势皇大神宫确认无疑就是女神，但在长元四年，当斋宫寮头相通之妻古木古曾声称其与神灵相通时，却遭到了惩罚。《本朝俗谚志》第五卷记载，尽管鹿岛的物忌是终生不犯禁戒的纯净女子，但依然会从其住所中找到安产的护身符。

十二

在“玉依姬考”的最后，还想再赘述两点。一是在近世的巫女传说中越来越频繁地出现与“玉依姬”相似的名字。磐城刈田郡福冈村大字长袋的儿宫，就流传着用明天皇妃子玉世媛抛弃皇子的传说，当地还有“儿投川”的遗址。因为伴随着天鹅传说，所以今天已经改称日本武尊[①]，但天鹅也同样出现在丰后真野长者故事之中，也就是《末广十二段》净琉璃中在山路割草的玉代姬。据说在阿波国美马郡里村的玉振神社供奉的是玉振姬，相传她是相州镰仓城主正四位少将清平公的侍女，在此躲避战乱祭拜亡主之灵（《美马郡乡土志》）。这个故事还有各种版本。亲鸾上人之妻，九条殿之女，名曰玉白，又名玉日姬，从常陆稻田的西

① 《日本书纪》记载倭武尊在死后化为天鹅。——译者注

念寺留下的传说来看，她也应该是其中一例。还有玉织姬、玉薄前等等，也不知道是什么原因，在称呼妇女的时候仿佛是癖好一样，都会带一个“玉”字。再扩展一些来看，伊势合山的女太夫杉玉，东京神田绀屋町北部玉池遗迹的阿玉，尽管不十分明显，但可见都保留着姬神信仰的蛛丝马迹。从前在玉池畔有一棵被视为阿玉遗物的柳树，后来就在树下建造祠堂供奉祭拜。《江户砂子》提到阿玉投身池塘，之后化为此处的神灵。据《著实异事》记载，御用首席木工桑原孙兵卫因婢女汲水时遭遇鬼怪，便一怒之下伐柳填池，结果池中鬼怪作祟。如今，不知是何人落户池边，据《江户记闻》记载，这方池塘原名樱池，也有人称之为爱染[1]池（以上引自《御府内备考》第七卷）。今天在根津有一条河的名字发音与其相同，汉字写作“蓝染川”，或许这里就是与神灵相遇的旧址。神婚仪式多在桥上或村落边界上举行，而行逢桥等地依然保留着“二本杉”“二本楠”等，竖起筷子长成果树之类的传说。

第二个想要说的是在今天的县社、乡社将神武天皇作为祭神的最初意味。经过历史证明，有着特殊原因的那些暂且不谈，单纯是因为仰慕天皇神威而建社的那些社记所记载的东西，多半也是来源于“玉依姬及其御子”这一说法。虽说这是一个误解，但没有理由如此离谱。以我的了解，天皇是现人神，其神阶要远高于其他许多神灵。所以将先帝奉为神灵的做法，放之于古代是不可理喻的。如果某位天皇很快便得到了神

---

① 原文写作“アヒソメ”。——译者注

灵般的崇拜，实际上只不过是因为人们畏惧其御灵而已。御灵信仰[①]曾经是类别完全不同的另一种神道信仰。而后不知由于什么原因，御灵信仰很快便同八幡神结合在了一起。这或许也是母子神的教义在中世时代的变迁吧。

（《乡土研究》大正六年三月刊）

① 日本传统信仰，认为威胁人类的天灾或疫病来源于心怀怨恨死于非命的人的冤魂，而将其奉为“御灵”则可以避免灾祸，维护生活的安定繁荣。——译者注

雷神信仰的变迁——母神与子神

道场法师的孙女

都良香的《道场法师[1]传》只是单纯地对《日本灵异记》进行删改，并未引述参考其他材料。《扶桑略记》很明显是以这两部书为蓝本，而《水镜》则只不过是译著而已。然而在景戒[2]逝去二百年后的今天，不仅所谓钟堂鬼的头发仍为世人热议，[3] 近期在圣武天皇千年大忌，元兴寺开龛时，所展出的道场法师神像姿态也是龙雷变相。[4]关于道场法师的解释在经年累月之后难免发生一些变化，但也很难断言说，对他所有

① 道场，生卒年不详，飞鸟时代僧人，尾张国爱知郡（今爱知县）人。其父为农人，相传其前往农耕途中救雷一命，因而所生之子力大无穷。其曾在元兴寺（今飞鸟寺）担当童子，成功击退钟楼堂的食人鬼，将鬼的头发放于元兴寺。时王族妨碍元兴寺下属农田引水，其予以阻止，后出家为僧，最终得度，奉为道场法师。——译者注

② 景戒，平安时代前期僧人，《日本灵异记》作者，生卒年不详。——译者注

③ 《扶桑略记》第二十八卷，治安三年十月十九日章节。——作者注

④ 《南亩莠言》下卷记载。——作者注

的描述都是文献在以讹传讹。例如《辞林采叶》中记载的大和龙田地名由来的所谓“落雷谈”，[①] 就是对最初可以称之为“元兴寺缘起”的《灵异记》的一个解释说明。虽然在文献中，雷神送子，以及送入人间的这个孩子为寺院引水这两件事看上去并无关联，而且都良香在其作品中也未曾提及，在落雷谈中，雷神落地化身童子，被农夫养大，为了报答恩情，便只在这一块田里降雨。或许也是因为作者不谙农民心理，所以才将其遗漏。古时候的文献中，有很多救了雷神一命后，雷神为了答谢而赐予水源的记载，比如依托僧人法力的越后国上山的神泉由来谈[②]。“稻妻”“稻光”等指代闪电的词汇早在中世时期即已问世，想必雷落在稻田中而备受崇敬自然也有其原因。我也曾亲眼看见多次。关东平原上每当天雷贯地，落入稻田，当地的老百姓便会竖起青竹拉起草绳，据说竹子能够让落地的雷兽重新返回天上。[③]这一说法与《灵异记》中樟木船浮竹叶的传说有着异曲同工之妙。实际上，在此之后，还会对雷降临之地洒扫供奉。这是“神显”[④]的古老思想，同时或许也是道场法师传说的根源所在。[⑤]尽管会有人认为古老的信仰终将消失，但《灵异记》中写到，用铁锹（金属棍）击打雷兽，它便会连连求饶，所以如今才会

① 据《和州旧迹幽考》第六卷记载。——作者注

② 见《今夕物语集》第十二卷《越后国神融圣人缚雷起塔》。在这个故事中，落雷是一个十五六岁大的孩子。据说帮助他返回天上之后，他打通的岩洞中流出了清水。——作者注

③ 《乡土研究》第三卷第九号，山内淳一君报告的常州久慈郡的事例。据土岐琴川氏所著《稿本美浓志》，美浓也有同样的风俗。——作者注

④ 原文写作“オカンダチ”。——译者注

⑤ 夕立（雷阵雨）中的“立”大概也是同一个意思，即斋场降临。所谓“立（タツ）”即为从天而降，应该是大和龙田地名的由来。这也是首次发现日语中“龙”可以读作“立”的发音。——作者注

唱念“桑原桑原”[①]，各国的传说对此也均有所记载。这个传说很古老，书本上却没有记载。同时我们还认识到，历经沧桑的文献不仅会保留古老的故事，或许它们也一并保留了古老的错误。

不过，虽说有些许不足，但瑕不掩瑜，千百年前那些对日本传统信仰冷眼相待的人们所记录的民间传说，也有着极大的学术价值。无论从哪一个角度出发，大概像道场法师一类的传说，都是既不能归为佛教信仰，也不能代表本山[②]的荣誉，然而它还是被人兴致盎然地详细记录了下来，一定有它的理由。其实这也就是在我们日本国民当中呼声最高的“天授神力物语”，以及日本风土民情自然养成的畏惧雷鸣并将其奉为神灵之子的信仰长久以来盛行于世的必然结果。在我们有了这个结论之后，再回过头来看《灵异记》，想必能够从那些据说掺杂了流言蜚语的法师的汉文中，找出几多贯通古今东西的脉络。首当其冲的就是作为贺茂松尾的神话传说传世的别雷神诞生谈。道场法师其实是雷神的寄体，而且生来头上就盘着一条蛇，首尾垂于其脑后。将这一类传说与各国众多玉依姬系列的古传进行比较，[③] 并与丰后花下[④]以来遍布各地数不胜数的三轮式传说相对照，便可以从容解读。在一些时代的理解中，过去我们的天神，会身披万丈光芒从天而降，化为龙蛇之形留在人间。虽然这

---

① 为避免落雷、灾祸和讨厌的事情而唱念的咒语。古书《赤子冢之话》中列举了许多关于桑原井的例子。水神畏惧金属是世界性的民俗共同点，因而可以以此对这一传说进行解释。——作者注

② 修验道的一派。——译者注

③ 今天存世的四部古风土记，都保留了具有各自地方特色的父为神母为人的神话传说。尤其是常陆的晡时卧山的传说，最为明显的印证了雷神蛇形的古老信仰。——作者注

④ 花下即日本镰仓时期平民阶层连歌爱好者的称呼，后成为对连歌宗匠的尊称。——译者注

种说法与皇室古老且神圣的传说并不一致，但在编纂正史的时候，未必不会参考各家的言论。例如收录于雄略天皇纪，螺嬴被圣上赐姓少子部连，遂登三诸山捉来神仙报答皇恩的故事，就明显是借鉴了这一家族的家传。而且其中提到的雷神目光炯炯，后又被放归山岳，其姿态俨然是一条巨蟒。[①] 倘若不曾有过这类稀奇古怪之事[②]，那么用不了多久这段记述就会被全盘否定而销声匿迹，然而，只要我们能够确认在那个时代前后有人信，并且有人传诵，其实就已经足以说明问题了。这座山的神灵曾化身为一条美丽的小蛇，出现在他的凡人妻子面前。"箸墓"[③]传说中即有这一段，此外似乎也有家族对此表示认可，换言之，这个故事其实是这一类型的最古老信仰的核心。尾张的道场法师是各国类例中的一个，它所具备的这种一致性是学术领域的珍宝，而且它或多或少受到了平城佛教的影响，揭示了后世的变迁，那些记录者们可谓是功不可没。

想来道场法师这个僧名应当是在暗示着某种东西，可惜我们并没有发现任何线索。在京都及其附近的地方，通常把太古时期开天辟地造就国土的巨人称为"大道法师"。将其与道场法师看作是同一人，或许不仅仅是因为名字相似，或是岩石上留下的木屐齿印。[④]在我接下来要谈

① 《日本书纪》第十四卷，雄略天皇七年七月章节。——作者注
② 例如间宫永好在《书纪杂考》就认为只有将这尊山神视为大物主神的一条明显是掺杂的错误，而其余部分则都是真实可信的。——作者注
③ 即三轮山传说。——译者注
④ 《松屋笔记》的《大太法师》章节，引用了《台记》文安二年九月二十七日条目，称近江的石山寺有一块灵石，是道场法师留下的木屐印。大道法师常常会留下赤足的足印，而且形状巨大，但即便是这一点的相似，实际上也并不多见。《灵异记》还记载说，道场在投掷巨石的时候，足印深陷土中三寸。——作者注

到的神子诞生的故事中，往往能够看到雷神的身影，而大太[①]，或是叫作大多良的巨人，其名字本身就包含了天神御子的思想，综合以上考虑，即便是各个记录的末端出现了难以调和的矛盾，仍不可否认它们是同根同源，或许是由于彼此割据分立，才导致了如今所看到的这种局面。这样一来，事情都可以说得通了。不管是进入寺院担当护法童子，还是被各国神社供奉，或是终日漫无目的地巡游，总之这个故事在尚未成为国民大众的共同财富之前，一定曾被某一家独霸，用作了自家家族史，不容别人说三道四。虽然很难得知《灵异记》究竟是从哪个角度引用了这一资料，但至少有两本书都提到，在道场故乡的爱智郡片轮里，有一个身形很小却强壮有力的女子的故事，而且她是过去元兴寺道场法师的孙女。作为童子时期即入寺院，侍奉神灵有功而得度的法师，如果不是小心加谨慎，就不可能在故乡有这么一个孙女。当地很久以后仍有家族声称是其后人，这可以算是一个证据。或许沙门境界也是其家族的一员。再发散一些思维，在《灵异记》卷首登载异传的少子部连的子孙，或许曾住在此地并将其原来的信仰发扬光大。虽然这些证据永远无法寻觅，但起码关于少子部连这一姓氏的起源，现有的说法已然是远远不够的了。据《书纪》记载，在奉请三诸山雷神的前一年，天皇让后妃饲养桑蚕，命螺嬴将全国的“由”[②]收集过来。结果他误把婴儿们献给了天皇。天皇捧腹，遂下达皇命，由螺嬴负责，在宫中将这些婴儿抚养成人，并赐

① 即大太法师，日本传说中的巨人名，相关传说有一夜之间造出富士山、坐在榛名山上在利根川里洗脚等等。片假名写作“ダイダラ”，汉字也可写作“大多良”。——译者注
② 原文写作“ユ”既有“孩童”的意思，同时也有“桑蚕”之意。——译者注

其姓氏——少子部。这一家族的荣誉侧重于统御雷鸣这一点，与雷神日渐淡薄，或许能够从这个小小的趣谈中找到其家名的由来。不过将其与诸多别雷系列的传说相比较，便能够看出其抚养婴儿得姓“少子部”，绝不是偶然的一个误会那么简单。[①] 这就好比是雷神寄胎在道场法师传完成之后仍然风行于世，却由于种种原因，这一节在特别进献的家传中遗漏掉了一样。

灵安寺缘起

在讲述寄宿于元兴寺的尾张神童的传说当中，我尤其想要强调的是被视为传世珍宝的一条鬼发。据说在黎明之际跟随血迹，便会到达埋葬着寺院中的一个恶棍的路口。可见这个人早已经变成了厉鬼。这样一来道场是这座寺院的僧人，鬼的头发是这座寺院宝物的理由就成立了。总而言之，正如《灵异记》用冥报来解释那个时代神秘莫测之事一样，早在弘法大师以前，就已经有人致力于将我们的国民神话一个个分割开并使之佛教化。如果没有那些深藏草莽之中躲过早期佛教化一劫的传说的话，那么如今将永远无法追寻被称之为我国固有信仰骨干的神子降生等思想的变迁沿革，学者们或许也始终会认为那只不过是日本人仿造。的

① 《日本灵异记》中少子部栖轻的记事明显选用的是与《书纪》不同的资料。值得商榷的部分有很多，其中最关键的是《书纪》中写的是捉雷，而《灵异记》则是奉请雷神。——作者注

确，京畿四周的传说所遭遇到的改造，看上去几乎和外国进口的没有什么差别。

想要判断出其中哪些受到了新宗教的影响，又有哪些反映的是本土的日常风貌或自然环境，可谓是举步维艰。但以《书纪》的编纂时间为界，其后社会日新月异，神道也发生了翻天覆地的变化。新出现了八幡神和各地的御灵，最后是北野天神[①]。神子的威力在这一过程当中不断增强。从前人们只是对其诞生所带来的奇幻色彩心生敬畏，而后便担心其加害于人而感到惴惴不安。这未必是在亲历兵荒马乱、瘟疫横生之后才痛定思痛的反思，而恰恰是因为思想上早有准备，天灾人祸只是加剧了这种内心的惊惧惶恐，或许是所谓无上道的教义，不知不觉地将各国众多的神灵推向了相对卑劣的地位。

前文引述过的《古风土记》中的常陆的晡时卧山记事，是宣称神之子极为恐怖可怕的开山之作。为了免除读者朋友们查阅原文的辛劳，现在将其中的要点记叙如下：从前有努贺毗古和努贺毗咩两兄妹，另有一人不知其来历，每夜前往妹妹房间，天明即离去，形同夫妇。不久妹妹有了身孕，十月怀胎生下一条小蛇。这条蛇在人前从不开口，没有人的时候则悄悄对它的母亲说话。它的母亲很是惊奇，心想这该不会是神灵的孩子吧。于是洗净一个杯子，将这条小蛇放在里面，结果一夜之间小蛇长大，盛满了杯子。又换了一口瓮，结果也是一样。如此三四次，母亲只好对这个孩子说，你是神灵的孩子，以我等之人无力将你抚养成人，

① 又称天满天神，即菅原道真。——译者注

拜托你不要待在这里了，快去找你的父亲吧。神子同意了，但是因为自己一个人无法前去，便请求带一个童子同去。但是家中只有母亲和伯父两个人，所以无法满足它的要求。它嘴上虽然不说，但心中暗暗怨恨，待到临别之际，它忽然用万钧雷霆将伯父震死，随后欲升天而去。其母大惊失色，忙搬起瓮向它砸去。瓮碰到了神子，这神子便再也不能升天，只得留在晡时卧山中，而瓮则留在今天片冈的村子里。据说其子孙建造神社将其供奉其中，代代香火未曾断绝，至今仍有自称是其子孙的人在当地居住。

或许有人会说，这只是一个偶然的特例，不足以说明它波及了整个时代。但至少可以确定在这个故事以前，几乎找不到有文章明确记载了神子的愤怒，而在此之后，类似的故事却多了起来。所以，想要追寻其踪迹的人对这一问题不可忽视。平安京初期，新的御灵一个接一个显祀，而在御灵信仰中，所处时代的社会心理会造成很大影响，所以，很少有人会将其视为从我国固有的神子思想引申出来的现象。不过稍稍注意一下所谓的八所御灵①，其数量早已确定，但在不同时代名称却各有不同。这其中存在着不少的问题。一是如果吉备圣灵真的是吉备真备的话，那么为什么只有他被列入死于非命的怨灵之中？② 二是火雷神，或者叫作火雷天神也好，究竟是一尊怎样的神灵？并不是因为近世看法有失偏颇，才会把它当作北野天神，这种看法早已有之，显然人们不会平白无故地

---

① 即崇道天皇（早良亲王）、伊予亲王、藤原吉子、橘逸势、文室宫田麻吕、菅原道真、吉备真备和井上皇后等八人御灵的总称。——译者注

② 《和汉三才图会》也对此事表示怀疑。《盐尻》（帝国书院本）第二十七卷称，吉备圣灵是吉备内亲王的御灵。未必准确，但的确也是一种看法。——作者注

接受它。[①] 然而如今无法予以验证，或许是因为早期的传承混乱不堪，主要脉络已经永远断绝，无迹可寻。所以，与其他方面的民间信仰相比，探索其古意才更加必要，也更为有趣。

有人言之凿凿，京都御灵社早先只有五所御灵，之后又增加了三所，这才成为了今天我们看到的八所御灵。[②] 但同时也有很多人认为，即便是曾经有神谕予以暗示，但对于独立举行御灵会的北野天神来说其并无理由加入其中。因此，黑川道祐将前文中的火雷天神解释为《延喜式》内的乙训坐火雷神。[③] 而天野氏则断定火雷天神就是今天大和御山村的雷神，也就是光仁天皇的废后井上内亲王的儿子，而且坚信《延喜式》内的宇智郡火雷神社供奉的神灵也同样是它。说到式内的火雷神，除此以外许多神社都将其供奉在内。如今宫中就有一尊，大和另外还有两尊。尊姓大名相同并不代表祭神就一样，这是吉田等注释者犯下的一个荒唐的错误。例如乙训郡火雷神社，因为碰巧邻近松尾，于是就出现了两地同神的说法。[④] 也许是因为贺茂别雷神传的大肆扩张，使得各国分别出现了类似的由来传说。那么这些传说独立保存于各国，导致其神名为数众多且分布广泛也是情有可原的了。

然而，南大和的火雷神就肯定不是单从一个神名出发而下的论断

---

① 《拾芥抄》八所御灵章节中明确记载火雷天神就是北野。虽然还没有发现年代更早的记载，但我想应该还是有的。——作者注

② 表达这一观点最为明确的是《神社核录》的作者铃鹿连胤。《三代实录》中贞观五年五月二十日的条目提到，所谓御灵总共只有五人。将其与《世谚问答》等之后的说法相比较，可以发现它未提及的是吉备圣灵、火雷天神，以及通常认为是藤原广嗣的藤大夫。——作者注

③ 《远碧轩记》上卷一，记载于下御灵社记事的批注之中。——作者注

④ 据《续纪》记载，延喜三年迁都的时候，两社同时被授予了同等级别的神位。此记载或许可以作为这一说法的一个依据。——作者注

了。今天，在宇智郡的雷神社还保留了四百七十年前流传下来的虔诚的文献记述。[①] 所谓四所御灵，其实是雷神、雷神的母亲以及雷神的两位兄长。不仅井上内亲王母子二人加入了京都的御灵之中，现在早良太子也被人们用崇道天皇的名号列为八所之一，这都令人困惑。据说该地附近还有井上内亲王贬谪后居住的地方以及她离世后的陵墓。而且据文献记载，这里曾举行过抚慰其御灵的祭典。因此其择日返回京都亲临御灵会也并非不可思议。唯有一件事难以理解：这座神社的主神是正史中未曾收录的雷神，以及与其降生相关的一些荒诞至极的传说。不过，这些传说至今仍在当地广为传颂。据《灵安寺缘起》记载，废后被流放到大和之后，在宇智郡大冈乡的一座小山坡上生下雷神。[②] 因此这座山得名“产屋峰”，又因其母后葬于此处，所以也被称为“御墓山”，其乡里也被叫作“御山”。需要注意的是，后世当地的神社只有雷神神社位于丹生川对岸以西五町的地方，其他三社都在灵安寺内。也有人将这座雷神社视为若宫社。[③] 相传雷神长大之后听说了母亲兄长被流放的不幸遭遇，极为震怒，遂大开杀戒，一时间天昏地暗，化身雷霆飞升半空之中，风雨交加，电闪雷鸣，天崩地裂，京畿七道死伤者不计其数。就这样，雷神的名号就落在了他的身上。不过虽然在缘起中他在长大之后一怒之

---

① 《续群书类从》第六十六卷，《灵安寺御灵大明神略缘起》如此记载。其作者阿阇梨祐成时年七十三岁，除了对《水镜》之后的文献编纂的部分之外，还有一些内容来自于当时的传说。据说从前也有缘起存世，但由于兵荒马乱，最终失之于乱世。——作者注

② 根据《续纪》记载，井上内亲王被软禁在大和国宇智郡是在宝龟四年十月，而其缘起则记载雷神降生于前一年。即便如此，井上内亲王时年已经五十六岁了，而且除此之外还有存在着其他很多疑点。——作者注

③ 《和州旧迹幽考》第六卷等。——作者注

下成为雷神，但不仅其御名在当时鲜有人知，而且当地传说的口径版本也多有不同。例如在同一郡宇智村的一处荒山，据说井上内亲王身怀雷神的时候曾在这里生活，而且近江越前两地交界处至今还流传着类似荒血山的传说。[①]如果说他在降生时尚不是雷神的话，或许也就不会有所谓产屋峰的由来谈了吧。即便是作为一位王子的降生之地，小山坡似乎也有些不太合适。据正史记载，遭到天皇废黜的皇后和太子被软禁在大和宇智郡的流放地，仅仅一年半之后，母子二人就共赴黄泉了。三年之后怨魂乍现，这才颁布官符，提高了二人陵寝的待遇。因此，姑且不论《延喜式》内的火雷神社，或者叫宫前霹雳神社如今是否应该算作若宫，单从雷神信仰与御灵信仰如此密不可分的情形来看，这其中也一定隐藏着某些深刻的原因。所以，如果我们一味依赖书本资料，不求甚解就妄下定论的话，那必定会重蹈长禄缘起的覆辙。

不过，幸运的是在这一问题上，我们能够运用类推比较的方法，来审视那保留下来的一两个具体的特征。在《灵安寺缘起》所犯下的诸多谬误中，尤为醒目的一个就是它竭力想证明雷神和崇道天皇，也就是早良太子，都是井上内亲王的孩子，并且是第三位皇子。尽管其明知道早良太子是桓武天皇同母所生的皇弟，并且其废立完完全全来源于与此并不相干的政治斗争，仍然执意将太子奉请至大和，纳入了四所御灵之中，这之中必定有着与之相应的特殊原因。[②]也许是中古时期藤森信仰的残

---

① 《乡土研究》第二卷第三号，田村吉永君报告。关于诞生于山中这一内容罕见的传说，我在拙作《山中人生》中列举了不少的例子。我认为山姥金时的传说亦出自此处。——作者注

② 《大和志料》等文献认为三座是御灵神社，御山村的若宫社则单独供奉雷神。但这一说法不仅否定了更早的文献，而且还留下了一个早良太子的问题无法解决。——作者注

留吧，[①] 总之，我认为是由于雷神排行第三的思想十分强大，缘起中才会出现这样奇异的附会。如果真是这样的话，那么在接下来要讲到的北野社传最为隐秘古怪的部分，也就是比丘道贤[②]在《冥途记》中宣称火雷天气毒王乃吾之第三使者云云，一定能够从中找出一脉相承的东西。

天满大自在[③]

菅公左迁[④]是北野信仰的发端，从造成的政治震动的级别来看，其远不能望井上内亲王母子二人废黜事件项背。尽管如此，其神德还是逐渐地发展壮大，拥有了永世不灭的巨大威力，这是由诸多不可忽视的外部因素所造成的。第一，以平安迁都为界，之后内外交通飞速发展，人类的智慧也随之增长，取得了长足的进步。此外，当时还有一些自然条件，各种自然灾害频发，社会陷入恐慌，到了延喜天庆年间，愈发频繁猛烈不可收拾。大灾大难面前人人惶惶不可终日的世相，与大正昭和年代颇为相似。御灵信仰受到这些影响，也会产生一些显著

---

① 京都藤森神社后世供奉崇道天皇的说法尤为盛行，但从另一方面来说，这一情况其实也适用于贺茂的别雷神话。我始终认为其应该与乙训坐火雷神情况类似，原本就分属于其他不同类别的信仰。——作者注

② 即日藏，平安时代中期僧人，曾在大和金峰山椿山寺修行，真言密教僧侣，开创如意轮寺。——作者注

③ 大自在为佛教语。谓进退无碍，心离烦恼。——译者注

④ 即 901 年，菅原道真因左大臣藤原时平进谗，被天皇贬为大宰权帅，调往僻远之地。——译者注

的变化。

第二个必须要考虑到的因素就是神谕的自由。在保守的时代，神话通常都会有一个固定的形式，那些太出格的新神谕，即便是说了人们也不会相信。然而，外国的文学和新颖的教义却在不经意间丰富了宣传者的经历，开拓了他们的思维视野，同时也解放了那些毕恭毕敬侧耳聆听的人们的体验与感受。当时，哪怕是道听途说的消息也能产生不小影响，这样一来，巫祝社僧之徒因势利导，迎来了施展他们普度众生手腕的大好时机。他们中诞生了圣宝、空也、净藏贵所等杰出代表，神道中北野继石清水[①]之后崭露头角，自此长盛不衰。而一路传承而来的神子思想就这样在各家各派大放异彩，但其本身却被人们抛在了脑后。

从《神代纪》的八雷神诞生的传说开始，到后来的《延喜式·神名帐》，威风凛凛的众多雷电之神，京畿地区的信仰仿佛一夜之间被统一了。这都应当归结于以北野为中心的神谕的力量。不可思议的是男山并没有参与其中。改造的要点是把那些将天灾人祸视为怨灵作祟的御灵思想，与天人中介，也就是雷神信仰结合在了一起，进而宣称其上有更为强大的力量，逐渐降低了雷神的地位。从很久以前开始就慢慢有了这种倾向。《灵异记》和《风土记》中都曾介绍过，只要具有特殊天分和技术，即便是肉体凡胎也能够与其一争高下。而单纯凭借崇拜和祈祷，无论是谁都可以化解雷神侵害的说法，还是在北野天神这一新信仰逐渐成熟以后才出现的。其统一的力量的确伟大，但与此同时，时代在进步，智慧和

① 即石清水八幡宫。——译者注

技术水平也在不断提高，人们的足迹遍及全国各地。因此，偶尔在远近村庄找到与之不符的传说，或是遇到同一个信仰的不同解读，自然也不必大惊小怪。[①] 同时这也告诉我们，仅凭收集几家闻名遐迩的神社社传，根本无望于恢复日本传统宗教的本来风貌。

在我看来，迄今为止，研究北野信仰的人有几点是不应该忽视的。其中对眼下这篇论文来说至关重要的一点就是所谓的菅公化现说，也就是梅下童儿最初为神灵这一传说，究竟是在何种情况之下产生并取信于人的呢？[②] 虽说现在大可不必再去探究这一说法的真伪，但称其为个人幻想或虚构，其实也并没有什么依据，只不过因为它无法用常理解释而已。如果我们都用事实道理去解释世间万物的话，那恐怕所有的旧事物老文化都将荡然无存。即使是错误的，只要过去的人们相信，就一定有它值得相信的理由。第二点是为何菅公成了天神，而且号称天满大自在呢？似乎也并没有人尝试着解答过，不过在“天神”这个词的含义基本定型的那个时代，一定不会漫无目的地给他冠以这样一个美称。所以只能解释为他以现人神的形态，时常施展法力鸣雷放火，因而得称天神，又因为他肆意向凡人施放神力，这便又为他加上了“大自在”的名号。

---

① 在独立于北野系列之外的雷电社，保留了许多童子神信仰。位于东京附近的武藏久良岐郡冰取泽宽胜寺，有一棵雷松，松树下建有饭盛童子的祠堂，其被视为当地的守护神（《新编武藏国风土记稿》第二十三卷）。野州足利郡板仓的雷电神社等，祭神称为别雷命，并且传承着号称是落雷纪念品的火钵。当地同样有一个有关勇猛小僧的传说，可谓一件奇事（《下野神社沿革志》第一卷）。可见，雷神或许从未被新宗教彻底征服过。——作者注

② 伊势神库所藏《北野事迹》第二卷，此卷亦收录于《北野文丛》。创作于建保年间，却明白无误地提到了“神童出现”。如果大江佐国元永元年的手记是正确的，那么这件事将发生在更早的菅公殁后第215年。——作者注

然而那个时代的天神思想在极为短暂的时间内发生了惊人的变化。菅公逝世三十七年之后，沙门道贤进奏了那部《冥途记》，而大约也就是在此前后，天神的地位扶摇直上。尽管大都是源于狂热的幻觉，但可以说沙门道贤还是很好地审视了那个时代的社会信仰。据说道贤在藏王菩萨的引导下巡游金峰山净土，与之亲切交谈的菅相府①，在当时已经名号大成威德天。当地之人，不论贵贱皆称其为火雷天神，敬其为世尊。被问到为何会有此怨念时，其回答说因为故地之人皆以吾为大怨贼，无一人敬重。此火雷天气毒王乃吾之第三使者，今后当信赖此僧所言，虔心祈祷，则可免灾祸。② 看来，即便是在这种荒诞不经的传说中，我们也能看出，在当时已经有了将火雷神当作菅公倾向了。而神灵将其职责转交给第三顺位者，自己则高高在上统御全局。这或许是随波逐流，朝不保夕的普通民众心中，对最新诞生且最为有力的御灵，抱有的最大限度的期待吧。也就是说，无论时代如何苍黄翻覆，佛法影响多么深远，我们始终无法从祖祖辈辈流传下来的本土信仰之中摆脱出来。

① 菅原道真曾任右大臣，故称相府。——译者注

② 《扶桑略记》天庆四年章节中记录的《冥途记》虽然是简本，但重点部分都包含在内，这些重点已略显冗长，不便引述于此。——作者注

老松与松童

以今人的眼光来看，道贤比丘的报告不亚于异端邪说。或许有人会认为其动机不纯，但从之后的神谕上可以很明显地发现，正如同他自己也在无意之中受到时代感化一样，他也给后来的信众留下了深刻的印象。所谓神谕，原本就远非人力可及。所以即使是前言不搭后语，古人也会认为是解读方法尚且不完善的原因，未必会予以怀疑。神谕就是如此令目击者感动，因而纵然历朝历代的启示极为散漫不同，其信众们也会一一信以为真奉为圭臬。[①] 然而在吉野的道贤上人之后，仅仅相隔六年的天历元年[②]的神谕，就已经开始显露出受到《冥途记》影响的痕迹了。近江国比良神社的神主良种附体一个七岁的男孩，借其口称自己为嗔恚的化身，其焰滔天。至于其所说全部雷神鬼都归顺于我，其数共计十万五千之类的言论，或许未必是脱离任何系列独立创造出来的。这之后又过了三十余年，太宰府又出现了称宜藤原长子的神谕，同样说的是追随者多达十六万八千八百余人，所有心怀怨恨弃世而去的灵界之人，不分贵贱皆聚集而来。但并不是说只要怀有恨意就可以现世。或许到了

① 今后佛教史研究仍不能更为清楚地解读早期修验道教义的话，那么恐怕将很难对这一问题给出进一步合理的解释。——作者注

② 另有说法认为这件事发生在之前一年的天庆九年。《扶桑略记》将其列入天历九年应该是一个错误。——作者注

这个时候，统御御灵的思想才真正平民化。而这种神奇思想传播之久远，作用之强大远远超出了今天我们的想象。

比良神主家年幼的尸童名叫太郎丸。我认为，在那些得以保存至今的神谕语句中，包含着极为丰富且重要的学术提示。有关北野神社创建的传说几乎简练到我们不得不怀疑的程度。在最初道贤比丘进入金峰净土看到幻象的第二年，西边的京七条有一个名叫文子[①]的身份卑微的女子得到了神谕，让她前去右近马场供奉神灵。但怎奈家中贫困力所不及，只好在草庐旁边搭了一个形状类似的小祠。五年之后，良种再度附体。后世各国几乎都保留了类似一夜松这样动人的神话，在当时这或许都已是见怪不怪事情。不管怎样，太郎丸的预言是正确的。天神说了，吾从者有老松、富部两人，老松随吾已久。其所到之处遍撒松子的做法看上去与贺茂传统风俗中的“神木”思想应是系出同源，因此，用植物表示新神现身已是一种风俗，而北野或许只是碰巧采用了其中的一种形式而已。

太宰府很早就出现了飞梅物语。[②] 之后随之产生了“松巍然”之类的歌物语，并逐渐演变为习字帖等一类的小说。然而，其实在此之前老松就已经是最重要的眷属神之一。至于与老松一同出现的小神

① 文子的训读为“あやこ”。多治比的奇子读音可能也与此相同。据说后世的文子天神社保留了这位卑贱女子家中遗迹。《远碧轩记》上卷记述：“文子奉请移动天神，其后不久即离世。乃奉之为天神，今在西京”。值得注意的是北野本社演奏神乐的神子，世代皆以文子为名。——作者注

② 《太平记》第一、二卷，这一说法产生于和歌“こち吹かば”，之后逐渐发展为这一著名传说。——作者注

福部[1]，尽管详情有待考证，但如今恐怕给不出满意的解释了。总之天神回答了比良良种的疑问，并告诉传达了这样一件事。曾经老松持吾之笏，佛舍利则由富部持之。两名从者从九州出发，一路随行直至京城，在若宫御前所处的高地，挖地三尺许将这些物品埋在里面。此二人皆愚劣之徒，当用心将其置于吾之左右。因为这段神谕包含了一定的时代背景，所以对我们来说极为重要。

后世解读这一神谕的人们似乎非常看重“皆愚劣之徒”一句，但参考“置于吾之左右”等后文，显然其含义很明确，实际上就是现代语言中的两大麻烦、讨厌鬼，办事不靠谱的意思。八幡神社中也有一尊与此类型相同的眷属神，名曰松童，与老松也有几分相似。贞观三年问世的《行教和尚梦记》之中就已经出现了“松童”这一名字，不过其真实性如今无从得知。八幡本社有关的传统早已绝迹，有说是迁尊的时候供奉于此，也有说是高良[2]的分身[3]，不过这些说法都是对末社社记等文献的误读。根据末社社记记载，因男山末社松童坐于高良神社板敷之下而视为其分身。依据大菩萨垂迹时的神谕而成为眷属神，但由于是位于高良神社板敷之下，所以绝对不是一位主神。根据男山的说法，松童是不动尊、咒诅神，“御坐高良神社板敷之下别社无有，因其乃恶神故不可忤视”。“吾乃川原大明神分身松童皇子是也。小神易怒而大神怒缓。

① 富部在近代的末社被称作福部，并非一开始就被叫作“トミベ”。二十年前所著拙作《山岛民谈集》曾提到福部也就是瓠神，代表着水灾，但是至今仍难以证明。因为“マツ”同时还有“火”之意，或许这两尊神与水火童子信仰也有所关联，不过这也都只是我个人的猜测。——作者注

② 即高良玉垂命。——译者注

③ 分身一说见于《宫寺缘事抄》第一卷结尾。这部文献中仍有大量资料亟待发掘。——作者注

悟敏和悦之人可蒙神恩”[①]，又有别传记载神谕，“若时至末代仍有人踌躇吾之神谕，当以本宫戌亥隅字牛我尾之神木及剑御子之矛，震慑恶人，祸殃四起，所谓小神易怒而大神怒缓”。这里的小神当然指的就是松童自己了。大神与小神性质相同都是令人生畏的神灵，但它并不会亲自动手，而是把具体的治罚事务全权委托下属眷属神，这样一来人们的信仰逐渐迁移到眷属神身上，虔心侍奉，以期躲避意外的灾祸。不知不觉，牛头天王成为祛病防疫的神灵，道祖成为行旅之人的守护者。自此北野不仅执掌水火雷电，其在灵界统御的方式上，也与八幡并无差别。那么富部、老松等小神，其实就相当于是男山的松童。在一些神社还将其称作“御先”[②]。“御先”既是可以指矛锋，又可以指代使者。另外所谓的“门客人”“荒巾木”以及“荒夷神”等也都是同一尊神。[③]由此可见，若宫即是新晋供奉的神社，并且代表的是那些粗暴可怕的神灵。大多认为占据这一地位的神灵都是人神的中介，也就是那些曾是普通人，后来则具备了神力的神子，这些人往往也是巫祝家族的始祖。这种看法既来自于自然理论，也来自于别雷传说以来的经验。

不过在贺茂神社却有所变化。在贺茂通常把别雷命视为神灵实体，并不祭拜其天神父亲，而是信奉其子力量盖世无双而敬为天神。大和宇智郡的雷神所表达的也是这一类正处于过渡时期的信仰。与老松专属于

---

① 见于《石清水文书》第十一卷。——作者注

② 原文写作“ミサキ”。——译者注

③ 例如《梁尘秘抄》第二卷，《四句神歌·神分》中有如下一章。“神のみさきのけんずるは/さう九上山（？）をさ行事/たかのみこ、うしのみこ/王城ひたかいたうめる（？）/びづらよひのいちどうや/いちるのさり/やはたに松どうせいしん/ここには荒ゑびす”有一二不明之处仍需探讨。——作者注

北野末社不同，松童这尊神不仅被供奉在八幡宫之外的其他大社，很多时候还会独立存在，成为某一地的守护神。此外还有人称，北野末社的松童等社供奉的祭神是应神天皇，而比良的神主即为子太郎丸。[①] 如今在春日[②]若宫末社的松童神社，其祭神的名字虽然已不可知，但在奈良附近的村落中有不少村社都叫作“崇道社”。这些神社之中供奉的显然不可能是崇道天皇，更不可能是从石清水劝请而来，所以只能说是那时候叫这名字的神灵早已问世。在濑户内海的周边府县以及土佐，有许多独立存在的松童和松堂社。尽管它们的祭神以及社传各不相同，但从为数不多的当地信仰传说中，可以找到远比后世修订的文献多得多的共同之处。而今我认为，虽然松童权现的祭神各社多有区别，却无须大惊小怪。当人们面对着年灾月厄，当地最有势力的神灵自然会被冠以此名。毕竟所谓“松童”，原本就是一个担当神灵侍奉者的半人神的名字。

因为北野老松名字中有一个“老”字，所以也有人认为他其实指的是“白大夫”这位老人。虽然这个问题有详述的必要，但松童已经确定是侍者神，所以最终都可以归为一类。鹤冈八幡与松童并立的是一座源大夫祠，尾张热田的藤大夫、源大夫也都名声在外。这些无一例外，都不是真实存在的人的名字。而唯独在京都的御灵八社，橘大夫、文大夫等御灵都确有其人。只有副神才会被叫作“大夫”的。其与八座御灵并驾齐驱享受供奉，可见御灵信仰在中古时期也经历了一定的变迁。说到

① 见于《北野志》上卷。——作者注
② 此处指奈良的春日大社。——译者注

其从前的形式，例如有八幡的纪氏，北野的菅家祭官，大和御灵的第三顺位皇子，等等，在早期的上下御灵社中，都有各自的神职人员（小子部氏）来掌管神话和祭典。据《大安寺记》记载，舒明天皇在位期间，因宫寺建材不足而砍伐神社林木，子部大神对此十分恼怒，作为惩罚一把火把寺院烧得精光。[①]“若宫部”这一词汇见于《肥前国风土记》三根郡物部乡条目，虽然其中只提到遣物部若宫部供奉物部经津主神，但实际上有很多可以称之为若宫部的家族都从属于各大神社，均称自己祖上与神灵有着深厚的关系。像南大和的御灵社，他户亲王的三个儿子各领位阶参与神事这类与正史不相一致的社传，通常都是后世创作而成。[②]《日本灵异记》中所谓道场法师的孙女，以及名声不逊于其的美浓之狐的后裔等等，其实都是这类古老思想的沧海一粟。它们是我们民族在神与人的关系中表现尤为强烈的血脉观念，在经历了几多外部影响的冲击之后，如今硕果仅存的生动代表。

（《民族》昭和二年五月刊）

① 引自《扶桑略记》。《元亨释书》第二十卷或亦是依照此书所作。——作者注
② 出自《大和志料》。《广大和名胜志》中引用天文三年的《御灵宫本纪》内容陈述了这一观点。——作者注

招日传说

插秧日的忌讳

说起五月份不宜插秧的日子，眼下恐怕还没有村子敢拍着胸脯说我们村没有。不过，令人意外的是各地日期差别很大，例如在石城平原附近忌讳午日，[①] 在武藏比企郡高坂村忌讳午日和寅日，[②] 静冈市周围的村落是忌讳午日和申日，[③]上州赤城的山麓地区则是在辰日和半夏生。[④]伯耆日野郡各村习惯上把子日所种植的稻草用作死者的垫子，因而将这一天除去，此外，播种之日起算第四十九天也同样被视为不祥。[⑤] 像美

① 《民族》第一卷第四号。——作者注
② 见于当地小学教材。——作者注
③ 《安倍郡志》第 800 页。——作者注
④ 《乡土研究》第三卷第七号。——作者注
⑤ 例如该郡山上村即有这种迷信。播种之后若干天多回避插秧，称为“苗忌”。——作者注

浓太田地区附近，一些地方会避开夏至，[①] 而在下野那须郡各村，则忌讳农历五月六日至八日这几天。[②]

关于“死媳妇”

在其他许多地方都有“不净日”的说法和计算一些特殊日子的方法。通常是“不成就日”，也就是所谓凶日。这种易于记忆的十二地支的若干组合通常都不是自古流传的风俗，所以即便是在两个相距甚远的地方出现了雷同，也大可放心将其看作巧合。不过，在这些现象背后有一点要引起我们的重视。在关东地区千叶县印旛沼周边通常忌讳卯日，不过原因不明。[③] 在丰后大野郡，至今仍有许多地方流传着卯日插秧死媳妇的传说。[④] 究竟是何种经验或推理，以至于留下了后果如此恐怖的解释呢？我想，在保留下来的若干具有比较价值的资料之中，一定包含着我们应当予以思索的问题。因此，在这里姑且记述下我的所见所闻，以期读者朋友们大力协助。

---

① 《民族》第一卷第四号。——作者注

② 《下野神社沿革志》第八卷该郡野崎村平泽温泉神社的章节中记载，这几天正是那须与市宗隆扇为了祈愿能够成功，将汤本的产土神配祀于神领之内的日子。——作者注

③ 见于《印幡郡志》。——作者注

④ 《乡土研究》第四卷第五号。——作者注

苏我殿下插秧

与插秧日由来息息相关并广为流传的传说故事中最唬人的一例发生在上总国面向东京湾一带的农村。五月七日是苏我殿下插秧的日子，因而成为一种忌讳，一般人是不会在那一天插秧的。从前，大友皇子曾在上总国一座名叫遣水的山中筑城居住。一天，他召来臣子苏我大炊，命其督促农人速速下田插秧，并且亲自起驾前往观赏。夕阳西斜，但皇子兴致正浓，感慨说道："现在要是下午两点该有多好啊！"果然，一眨眼工夫太阳又返回到午后三点钟左右的位置，只不过转瞬间阴云密布，电闪雷鸣，倾盆暴雨扑面而来，人们死伤不计其数。今天大河原这个地方仍保留着当时的遗址，那块农田则被称为"死田"。[①] 然而，只知这唯一一个例子的当地人尚且不以之为引发"日忌"习俗的诱因，更不消说将其作为开启风行日本全国的同类传说神秘大门的金钥匙了。在对比研究方法尚不发达的时代，被肆意删除或是篡改的这类齐东野语，大抵都是这一类重要资料。

① 这段记载见于《房总志料丛书》续篇曾引述的《久留里记》。不过老一辈人说，东上总地区由于早稻的原因，将这一天记为四月十六日，并且苏我殿下用金扇将让快要落山的太阳重返天空。当地隶属苏我家，苏我为当地旧姓。如果要讲述弘文天皇的治世时的详细情况，仍需更深层的研究调查，如今难以完成。——作者注

死人田 · 病田 · 癖田

日本东部地区有许多叫这些名字的田地，有时即使表面上不叫这些名字，也少有人会来耕种，因而时常能够见到那些价格低廉而又荒草丛生的田地。然而，缘由却不尽可知。很早以前我开始关注这一问题，并且无意之中在静冈县找到了三个类似的例子。其中之一是在富士山山麓的富士郡须津村中一个叫比奈的地方，那里有一块一町六段的农田，这块农田上曾经归属一个利欲熏心的地主，他命令一位名叫阿菊的插秧女，必须在一天之内将如此广大的一片地全都种满。最终阿菊因过度劳累气绝身亡。据说从那以后，只要是在这块田上劳作便会出现凶兆，时至今日人们仍心有余悸。[①] 附近还有加岛村的病田，岩松村松冈的死人田，传法村的忌田等等，虽说各有各的忌讳，但如今似乎也都有相应的方法可以避开灾祸。我想到的第二个例子中的田地位于安倍郡安东村、北安东的柳新田与麻机村交接的地方，面积约有两段。相传从前有一个婆婆虐待儿媳，强迫她一个人去耕作这样大的一片农田。儿媳千辛万苦，终于把农田种完，但随即倒地不起，自此鬼祟作乱，凡是在这里劳作的主人家，必然会有一人无故死亡。久而久之这块地就没有人敢接手了，于

① 见于山中共古先生所著《吉居杂话》。即为其居住于吉原町期间的见闻实录。——作者注

是也就荒废了。后来人们在这块田里修了一座名叫“吉冢”的陵墓，建造了一座小祠并开始耕种，似乎情况有所好转，可是最近又听说它们也被拆掉了。[①] 在东海道的挂川和日坂两地之间，还有一处“嫁[②]田”，相隔不远还有一座“姑[③]田”。同样也是一位严厉的婆婆让儿媳妇在一天之内耕种三反[④]的土地，儿媳种完地，就那么坐在石头上死了，死后就埋葬在那块田里。坟前的标识树是一株银杏，枝繁叶茂，常引得行人侧目。但实际上这棵树是八幡神社领地的界树。据说故事里的婆婆后来在附近的麻田中遭雷击而死，所以才留下了遗迹“姑田”。[⑤]

插秧之歌

同样地处骏州的庵原郡大内村也有一处嫁田，与上文一样，在这片“杀媳之田”中也流传着一位倒毙于田间的媳妇的故事。然而，《骏国杂志》中却写道：“此二者之名皆为讹传，实为‘读田’[⑥]。”从前源赖朝的情人若狭局因惧怕源赖朝的正妻妒恨，出逃至萨摩国。她在当地找到了立足之地，远离了钩心斗角生活之后，便开始作歌抒怀，所以这

① 见于《安倍郡志》第 786 页。——作者注
② 意为“媳妇”。——译者注
③ 意为“婆婆、丈母娘”。——译者注
④ 反为面积单位，一反约 991.7 平方米，3 反约 2975.1 平方米。——译者注
⑤ 据《东海道道中记》记载。贝原益轩的《吾妻路之记》中也记录了嫁田、姑田等名称。临街土地传说尤为发达的实例见于《赤子冢之话》。——作者注
⑥ 日语中“嫁”“读”两字为同音字。——译者注

片田地得名“读田”。据近代兵书《萨琉军谈》记载，若狭局为岛津氏的始祖，她当时所唱的是：

田子门田五月雨
水面富士山倒影
融雪挽袖插早苗

可惜，此地并非田子浦，梅雨时节的富士山也不会倒映在鹿儿岛的田间水里。但即便是否定了“读田”，也不能说明儿媳就可以随随便便地死了。所以，到底是“嫁田”还是“读田”，又为何总有传说是儿媳死于插秧，都需要回过头去仔细思考一下。

三水的泣池

尽管婆媳不和等问题是近代社会组织的产物，但由于种种原因，许久以前就为我们的民间文艺增添了丰富多彩的素材。信州川中岛地区流传的插秧歌是这样的：

什么都是儿媳的过错
今天的太阳落山
也是儿媳的过错吗？

小池直太郎君等从这首歌出发推断，其与三水的杀媳池应该有一定关联。[①] 当然，说有关联是没有错，但莫名其妙地歌唱这种不值一提的事情，想来听众也不会有什么感触。大字三水位于更级郡更府村，当地有一方池塘，据说那里原来曾是一片农田。曾经有一个年轻的儿媳妇，被婆婆虐待，五月份顶着太阳干活却连一顶斗笠都没有，劳作整整一天直到太阳落山，结果力竭而亡。相传从此以后，只要舂米制饼的时候用的是那块田里的米，饼上就会沾满鲜血而无法食用。再后来，水从那片土地下面涌了出来，整块农田都变成了一个大池塘。据说即使是天气再干旱，池里的水也不会干涸。还有怪谈说，每逢天气变化，就能听见池塘里传来哭泣声，直至今日也是如此。[②] 很明显，后世在不损害传闻故事主干的前提下，对其进行了加工改编，比如把冷酷无情的婆婆换成了贪得无厌缺乏人性的地主恶霸，其实质与奥州名取的小鹤池，或是下总松崎的千把池的由来都同属一类。[③]

① 见于《小谷口碑集》第 141 页。——作者注
② 见于高木氏所著《日本传说集》第 228 页。《日本传说丛书》信浓卷所记载的别传怪异更甚。我认为其或为近期修改之作。——作者注
③ 《民族》第二卷第三号后已有论述。务必注意此类传说中太阳落山这一共同点。——作者注

日暮冢

根据我的经验，即使是在古老的文字记录保存完整的情况下，也丝毫不能轻视口耳相传的故事传说，因为不单是当地负责口头传诵的人会斟酌情况，对故事加以取舍，之后进行书面记载的文人墨客还时常会再次对其进行画蛇添足式的删改。例如下总松崎的千把池的故事，《相马日记》只写了一个卑贱的女子来到池水的浅滩，“一日内手植千把禾苗，疲惫而死，葬于此地，以松为记”。在这部书问世百年之后，这座村落里出现并流传起另一个精彩的传说。插秧女本名“小鹤”，至于这个名字的奇特就不在这里赘述了。总之这个小鹤是个劳动能手，她把上千把的稻苗搬到了农田，在一天之内单枪匹马将这些秧苗全都栽种到了田里。收工之后她漫不经心地俯身，从两腿之间瞄了一眼夕阳，顺口说了句太阳公公怎么还没下山呀。就这个姿势和这句话让她遭遇了天谴，结果，她当即死在了田里。[①] 虽然这个故事不见得能列入高田与清的游历考证记录之中，但一些学者往往会在记录的时候忽略这样那样的要点，所以，在文献甚少，且从当地居民口中听不到其他传说的时候，倒不如从笔者草草了事的记述中搜寻可供比较研究的问题。

嫁田一类的遗迹中有一个共同之处，有墓有树，而且会在树下祭拜

---

① 见于《印幡郡志》下卷。——作者注

她的亡灵，但这样做的原因却没有人能够给出令人满意的解释。倘若信仰是不通人情的，那么这个传说便没有理由如此普及。若狭的“日暮冢”出自哪本书已不可考，近年，在一部名叫《高滨一班》的书中出现了这样的一则故事。同样是从前有一个恶毒的婆婆欺负儿媳，每次如果太阳落山之前儿媳就从田地回到家里的话，婆婆就会嫌她偷懒，对她恶语相加。可是这位儿媳妇却非常善良，每天早出晚归在田间辛勤耕耘，诚心祭拜太阳神，虔诚祈祷着白天可以短一点。在一年秋天，儿媳终于不堪折磨，身患重病撒手人寰。文中所说的“日暮冢”如今已经找不到原址了，并且也很难判断冢是位于儿媳离世的地方，还是位于其当初拜神的祭场。但这个妇女祈祷白昼变短，而她最终又死于严重的热病，很明显前后两件事是有所关联的，而这与平清盛火病[①]等传说也有着千丝万缕的联系。

日招坛

武将让落日重返天空的传说多年以来一直是民间文艺中为人津津乐道的优秀部分。陆前桃生郡大田村的日招坛传说，就是其中最为脍炙人口的代表作。八幡太郎曾与安倍贞任作战，战事正酣，夕阳渐逝，于是用义家扇招呼夕阳，太阳因而得以回转三舍，后世将其招日之坛称为

① 火病，即患者因在生活中遭遇苦恼却无处发泄愤怒而出现的精神疾病。——译者注

“麾日坛”，当地也得名“麾日道路”。虞公挥剑招日，鲁阳舞戈返日，虽相隔万里，但却不约而同表现了一片赤诚。《名迹志》的这些记载总让人觉得有几分盲人说唱的意味。[①] 似乎在很久以前，类似的故事就已经开始流传了。在伊予的伊予郡保免村就有日招八幡神社。相传当地英雄佐佐木高纲曾与砥部城主森山近江守、荏原城主大野山城守激战整日，担心夜战不能得胜，便让太阳重新升起，果然大胜。据说后因仰慕他的神德，称为日招八幡，并将别当药师寺的山号由“日照山”改为了“日招山”。《古迹志》一书称，挥扇招日，日返之数刻，遂起祠而以扇为神主。[②] 在纪州日延村藏王权现的社传中，田村将军奉皇命讨伐和佐高山的土蜘蛛，厮杀正难解难分时日薄西山，将军发愿于权现，太阳长悬于半空，遂歼灭强敌。后来为了报答神德，将神灵奉请于当地，并改村名为“日延”。[③]

鲁阳公之戈

前文那些全国分布的传说中，大概也掺入了中古时期的旅行文艺。如果只是单纯由早期移居的人们传播的话，传说的样貌应该极为奇妙而且复杂，因此后世不得不对其进行修正。即便是朝廷的乐师们在解释说

① 见于《封内名迹志》第十三卷，《封内风土记》第十二卷。坛在奥州方言中即为冢。——作者注
② 见于《伊予温故录》。这个村子如今已不存在，多半是已经改名。——作者注
③ 见于《纪伊续风土记》第十卷。今海草郡山口村大字中筋的日延。——作者注

明神秘舞乐的由来时，说不出典出《淮南子》，[①] 他们也能够把自己一知半解的汉史，编入今天所看到的舞本《入鹿》当中去，造出一个荒唐至极的传说故事。[②] 因此，一直以来学者之间普遍公认的“汉土传来说”，也不能否认这种情况的存在。而我想要弄清楚的是，当邻邦的古传说移植到日本以后，为何会开始宣扬藏王权现的神德，又为何在传说是它的遗址的地方供奉日招八幡，抑或是究竟有没有所谓的八幡太郎日招坛？在其改头换面沦为今日坊间流传的平清盛招日的传说之前，无疑是经历了很多阶段，但又是因为发生了怎样的变故，使其像前文所谈到的上总苏我殿下插秧的传说一般，与我们插秧的风俗习惯结合在一起了呢？

朝日长者故事

在安艺吉田地区的传统插秧歌谣中有一章这样记叙了平清盛招日的传说[③]：

领唱：正是开凿稳户海峡的清盛啊……

---

① 《类聚名物考》第二卷引述《淮南子·览冥训》原文以论述这一问题。“鲁阳公与韩构难，战酣日暮，援戈而伪（挥）之，日为之反三舍。”如果没有直接或间接获得这一文献记载，日本不会产生上述故事传说。——作者注

② 据说舞本中有表现兰陵王战至酣处招手返日的情节。类似的古传说在坊间始终长盛不衰。——作者注

③ 《日本奇风俗》第109页后。吉田地区土豪组织插秧的场面蔚为壮观，至今仍会吸引附近乡镇前去观看，与因幡的湖山长者等传说颇为相似。其插秧歌与从前一样，亦有不少惋惜日暮的词句。——作者注

插秧女：用太阳扇招回了夕阳

这首歌谣未必是这片土地首创，原本在插秧歌中就出现过招日一事，而且很容易使人联想到《严岛御幸记》等文献上描写六波罗豪奢的记载，从而将这一传说散布到了民间。与插秧有关的众多劳动歌谣的特征之一就是过分夸大地主的穷奢极欲。如今在一些村镇流传的长者奇谈中，有很多都具备这一特点。据说，我的家乡附近的播州加西郡东剑坂有一位朝日长者，一次他想试一下自己能力大小，用扇子招呼将要落山的太阳，喊着“再亮一点再亮一点”，太阳果然又光彩夺目，可惜这位长者也在同一时间丢掉了性命。① 当然，这个故事的后半部分并不是插秧时的祝歌，而朝日长者本是各国歌谣盛行时的长者之名，同时他也是美女的父亲，是神社佛阁的建造者，并且是崇拜太阳神宗教的代表人物。而且他和接下来要登场的两位长者一样，都是为了达到某种目的，才让太阳回转天空的。

因幡的湖山长者

在山阴铁道沿线的湖山池旁边，流传着与长者招日的故事联系密切的真实事件。如果不是沧海桑田的变化，恐怕人们将会对这些不可思议

① 出自《播磨鉴》。——作者注

的古代史追问不已。湖山长者住所和墓地的遗址位于今天气高郡末恒村大字伏野邻近大海的地方，而今一望无际的湖山池一度都是长者家的田地。据说，某年他督促男女农人下地劳作，太阳西沉时，仍有些许田地尚未完工，于是他拿出一柄金团扇，对着夕阳摇了三摇，已经接近山脚的太阳果然重新升高了三十余米，这才顺利完成了当天的任务。[①] 因为有了能够招回太阳的神力，这一年万事如意顺风顺水。然而到了第二年，长者满心以为还能像去年一样让太阳留在空中，就又拿出扇子念念有词，不承想神力耗尽，田地化为池塘，万物顷刻间化为乌有。如今安长田间茂密松林掩映之下的一个小小的土包，据说便是长者的陵墓。在与众多传说的无意识的传承进行比较之后，我们第一次能够为这种在后来老百姓们说是运势所致，佛家说是因果报应，又称之为信仰奇迹的力量找到新的解释。从而我们就可以去推测，在日本，这种力量会专门出现在哪一类人的身上，同时，当出现何种生活问题时，这种力量的必要性才会得到普遍的认可。在各国卷帙浩繁的长者传奇中，对我们的研究工作尤其有着参考价值的就是这一类文献记载。

菊池的米原长者

长者故事中的大部分在今天看来依然很美，很多时候都不禁让人想

① 《因幡民谈》第十一卷、《因幡志》，以及近年县编纂的《因伯纪要》等均有记载。与此同时出现的还有和泉式部、猿母子等诸多杂说。如今湖山的片假名写作“コヤマ”，过去曾叫作小山，片假名写作コサン。——作者注

象，那些用心描绘他们音容笑貌的人们或许就是这些传说的亲历者。肥后米原长者的兴衰成败就是其中典型一例。当地今天仍然流传着数倍于史实的生动传说。这位长者的出现与丰后的满能长者极为相似，几乎可以说是其分身。用明天皇统治时期，曾赐予其长者封号，同时还赏赐了数以千计的奴婢牛马，以及东起菊池谷西至山鹿茂贺之浦三千町的土地作为他的耕地。凭借他手下雄厚的人力物力，每年只需一天，就能够遍耕农田。不过，有一年五月的一天，耕作尚不及一半，太阳便已经将近落山，长者打开黄金扇将太阳招回。太阳按照他的号令，返回了一竿之高，但仍不能满足其耕作需求。据说长者内心忧虑不已，于是找人取来三千樽油，倒在山鹿日冈山，点燃后借助熊熊大火插秧，今天那座山仍是土石焦黑不生草木。而招回太阳的长者也受到了天谴，据说当晚出现一具火轮，将目力所及的屋舍仓廪烧了个干干净净、片瓦无存。[①]

带午饭的石像

即便是这样离奇的故事，在当地的居民看来，也未必一定是痴人说梦。不单是日冈山化为一片焦土，那一天的午餐饭团也都在大火中灰飞烟灭，化作名为“禹余粮”的石头。而在村子附近道口山崖的一侧，立着十余

① 见于《肥后国志》。今菊池郡城北村大字米原。——作者注

尊送午饭的婢女石像，当然，仅凭这区区十来个遗迹，无法说明长者真的在插秧的时候唤回了太阳，不过至少可以确定很久以前在这片土地上，插秧的确是极为庄重严肃的活动，可想而知在插秧同时应该还会举行相应的纪念仪式，所以纵然是这样不着边际的传说也变得有几分可信了。此外，在附近还有一尊名为耶次四郎的厨子之墓的石佛。耶次四郎是山鹿庄小原村的长者，从小原到玉名郡岩原村镇之间的广袤土地都归属于他。据说有一年插秧日，一个婢女在送饭半路上死在了路边，之后在她身亡的地方竖起了一块石碑。[①] 米原长者的十个送饭婢女恰逢三千町土地插秧的重大日子而命丧黄泉，显然这个传说也是早有渊源的吧。

田神与水仕女

插秧是一年到头的农事活动中尤为重要和盛大的日子，但它为什么总伴随着花季女子死于非命的传说呢？假如只有肥后这两个例子，那么我们还可以认为是人们误把路边的石碑当成了墓碑，但意外的是在地理位置上相距甚远的东国地区，也保存着类似的故事，而且其中一些也发生在送饭人的身上。在过去做人柱研究的时候曾引用过的下总师冈的“片割之女”故事的前半部分，[②] 故事讲的是印幡郡船尾的喜右卫门家中的

---

① 见于《肥后国志》第七卷。石碑位于今鹿本郡米田村大字小原和同一大字的志志岐的交界处。文字模糊难于辨认。岩原现亦隶属同一郡。——作者注

② 《民族》第二卷第 265 页。——作者注

女保姆，把要送给田里劳作的人的盒饭放到了背篓里，然后又把她看管的孩子放到了盒饭上面一并背到了田里。结果，干活的男人们嫌她这样做弄脏了饭，盛怒之下将饭食悉数倒在了田里，把她赶回了家，让她重新做一份饭。保姆回家后又害怕主人责骂，便背着孩子跑回了家乡师冈，投身金毗罗渊而死。据说船尾的镇守宗像神社每逢此人忌日都会出现种种怪事。不过，类似的故事还有更早的。例如《地藏菩萨灵验记》第十卷等文献记载，奥州秋田郡有一个富翁名叫王大夫惟秀，冷酷刻薄毫无同情心，他有个年方二九的婢女名叫乙女，这个女子出身贫寒却立志皈依三宝。一次，她用大托盘托着食物前去农田给农人们送饭，忽然天降暴雨，而且她又十分疲惫，便在路旁的地藏祠堂休息，并从饭食中分出一小份供奉给了地藏祠堂的小佛们。结果，农人们发现饭少了，非常不高兴，并因此而训斥了她。主人王大夫得知了这件事之后火冒三丈，将一支烧红的叉形箭头按在了这个女子的脸上，烫坏了她的眼鼻，头发也都烧掉了，然后将变得丑陋不堪的她丢在路边，最后说是地藏尊显灵，代替她承受了痛苦。可见，下总的传说才是改编版，而文献记载的反倒更为久远。野州足利五十部的水使神社现今供奉的是水速女命，其被视为水神，人们前来祈祷妇人康健，并献上可保孕妇平安的祈愿牌。安永七年的传说颇有几分自由自在的浪漫色彩，相传这尊神生前是五十部小太郎的佣人，农忙时，她给在地里干活的人们送午饭。半路上，她忽然听到人说自己的孩子被主人打死了，她无比悲愤，投身路边的河中而死。今天我们看到的神体都是身着十二单衣，手持木勺怀抱饭钵的彩色小木像。[①] 在田间地头放置田神石像的风俗对九州南部，特别是萨摩、大隅等地各个村落里的人们来说并不陌生。这些石像通常左手持钵，右手握勺，或是左手持勺右手掌杵的造型。[②] 看来这也同样源于水仕女的信仰。倘若事实果真如此，那么肥后路边的十尊石佛曾是长者家给农人送饭的婢女的传说，自然也就真相大白了。

关于"嫁"这个字

我个人观点认为，女子死于插秧日的嫁田传说与长者招日的故事或许都脱生于同一个风俗习惯。若狭大饭郡的日暮冢由来的主干虽然已被破坏殆尽不可考证，但仍旧可以从中依稀辨认出这个冢是向太阳神祈愿，希望日光长留天地的祭场，而祭主则是清心寡欲的妇人。至于下总松崎的千把池，在贪心不足便会遭到天谴的教育意义的背后，却隐藏着女性的意志力能够战胜奔走不停的太阳的意趣。在其他各式各样的例子中，前提条件无一例外都是必须在同一天之内完成插秧，显然，确实存在着最适合插秧的一天，而且是时不我待，过了这村就没这店了。想必在过

① 见于《乡土研究》第二卷第五号丸山源八君撰文。神社所在地为足利郡三重村大字五十部字水使。是关东地区一尊值得关注的神灵。松冈调氏所著《官社考证》称赞岐也有供奉女神的水主神社，同时还有空船漂来的古传说。祭神与当地大多数供奉的女神一样是倭迹迹日百袭姬命。水使应是神灵侍女的意思。——作者注

② 《土俗与传说》第一卷第一号图示了三个实例。其要点之一是石头的形状模拟的是男性的性器官，之二是酷似日本东部道祖神男女并肩而立的塑像。道祖女神如今是手持长颈酒壶，但该物据信曾为调制食物的器皿。关于萨摩的田神，之后有冈岛银次氏的详细报告。——作者注

去，在把握这一天的问题上，要比今天严苛得多。同时，我们也可以看出，在日本晴空万里时，每日的“日”与太阳的“日”，始终是密不可分的。此外，嫁田多为忌田，只要是在有来头的神田犯了错，即便是在其他田地里大可不必追究的小过错，在这里也会遭到神灵无情的重罚。破坏这个法则便会遭到恐怖的惩戒，所以必须牢记于心。提到“嫁”，即“媳妇”时，人们马上会想到坏心肠的婆婆，可是在过去，悭吝贪婪之徒大多指的是长者。而长者是传说文学中最为缥缈的中心，佛典中功德圆满的大贵人被译为长者，我们当中氏族的领头人，甚至聪慧过人色艺双绝的游女也都可以称之为长者。游女中的长者在神歌中虚构的是长者的荣华与没落，而对其传说的描述，在净琉璃十二段中已经表达得淋漓尽致，无须在此多言。其丰富多彩的材料充实了我们五月份的生活。“嫁”的本意是好女、倩女，后世逐渐演变为特指隆重的婚礼上盛装打扮的年轻妻子。因此在东国地区的村镇中，通常不用“嫁”这个词，而是用“姐姐大人”或“花御方”[①]来称呼她们。只需要联想一下香粉最初的宗教目的，其实也不难从中找寻出单词分化发展的历程。

嫁冢，嫁渊

据说伊势奋艺郡坂部的嫁冢是斋冢的讹传。嫁冢位于参宫大路不远

① 原文写作“アネサマ”与“ハナオカタ”。——译者注

的田野里，用一株杉树作为标记，附近是所谓斋殿遗址的田地和一座名叫“例褉洲”的石桥。传言说斋宫[①]来到伊势的时候，曾在此河中净身，之后才进入斋殿。[②] 而有关媳妇，即“嫁”的传说也大多在河边一带流传，可见这二者是相互关联的。真宗传教中反复提及的越前吉崎恐吓媳妇的故事，讲的是婆婆虚张声势威胁信奉莲如上人的善良儿媳，结果当即遭到了佛法的惩罚。藤冈作太郎君早已发现此类奇谈带有中古时期草子的味道。[③] 正如其推测，当地传说的形式虽然很老套，却与婆媳矛盾无关，而是根植于水神信仰。在平泉寺村曾有一不孝女，有一天，两三个人一同前往川上御前神社祭拜，摘下悬挂在神殿上面的面具戴在了自己脸上，结果后来却摘不下来了。于是大发雷霆，回家后抓住丈夫，两人一起投河而死。今天有三个地方叫作“女夫渊”，都号称是其投河的遗址。[④] 这个故事也是“肉付面”[⑤] 的原型。信州小谷地区的四座村镇却恰恰相反，变成了媳妇欺负婆婆的故事。某位村民的媳妇阿轻将收藏于氏神神社的“风流之面”偷了出来，戴上以后吓唬婆婆，结果面具贴在脸上摘不下来了。她羞愧难当，躲进了山洞，也有一说她躲到了勺子山上，如今还有山洞祭祀着名叫“十二”的小祠。[⑥] “十二”是信浓越前以及会津地

---

① 即仕神公主，以天皇名义被派遣到伊势神宫的皇女，亦指其居所。——译者注

② 《伊势参宫名所图会》上卷就此传说引述了粉川某的《事忌考》。很难想象从坂部开始，由神宫当地出发到留冢仍需两日烦琐复杂的仪式。——作者注

③ 《镰仓室町时代文学史》第 349 页。室町时代的草子中虽有欺凌媳妇的故事，但却不像欺凌继子的故事那样盛行。——作者注

④ 《越前大野郡志》大野郡北乡村章节引述《影响录》。——作者注

⑤ 即一旦戴在脸上就无法摘下的面具。——译者注

⑥ 《小谷口碑集》第 36 页。信浓北安云郡北城村切久保。风流神祭舞。切久保的镇守社，每逢旧历七月初七会举行尾花祭，届时会有戴着被称为七当祭的三个面具的人行走在游行队伍中。相传因面具有所不足，所以阿轻会从山中飞来。据说当天即便只有几滴，也一定会下雨。——作者注

区对山神的一种称呼。就像越前九头龙川的女夫渊，面具是偶数个之中的一个。相州江之岛神社门上悬挂的就是山神和鬼女的面具，从前有一个叫最明寺时赖的人，他的小妾中有一个人嫉妒心甚强，戴了鬼面袭击了其他的小妾。据说还是她父母向她建议说，让她选择山神的那个面具。[①]

水神的婚姻

从前在正式插秧时，都会举行“俳优”歌舞表演，对这些即便是亲眼所见也是令人一头雾水的表演，我们只能从现存的插秧歌谣中还原其本来面貌了。[②] 而赋予了这一活动严肃性最根源的神话传说，在我看来，可能早已经变换了版本，流传于各地的河流、桥畔与岸边。稍微具体地解释一下，那就是插秧即为田神诞生，而为了让田神充分发挥其作用，就需要太阳神和水神两神和睦相处。水神是一位女神，清丽婀娜，常现身于清流河畔，或许是因为没有想到可以让普通少女来扮演，所以人们经常会用红白颜料化妆，或是干脆戴上面具。我觉得所谓“肉付面”，应该是神灵装束亦真亦幻，难以辨别的意思。农民信仰并不需要以假乱

① 据《本朝国语》记载。——作者注
② 例如《民族》第一卷第767页中石见的插秧歌等就是很好的例证。通览《里谣集》可知这绝非仅限某一地的特例。——作者注

真的表演。神灵现身，然后被奉为水神，却像五十部的水使神那样，手里拿着最具农民信仰特征的分发食物的器具[①]。在日本传说中，描述水神母子因缘的故事极为兴盛，这大概也是因为水是农业生产的第一要素吧。飞驒岸奥村的嫁渊道路旁边有一块平坦的岩石，上面印着一个三岁左右大小的孩子脚印。相传从前，村里一户人家的儿子到了成家的年纪，正巧不知从何处来了一位美丽的姑娘，男子便留住了她并娶她为妻，实际上这位女子是水神的化身。两人成家之后生活美满衣食无忧，后来不知出现了什么变故，这位妻子跳进了家旁边的河流，化作一条大蛇从此杳无音讯。[②] 在越中串田村的池塘里住着一条大蛇，每年都会吞食村中少女。有一年，大蛇在吞食一名插秧女的时候，女子的梳子卡在了它的喉咙里，大蛇因此窒息而亡。这样一来村里的祸患彻底消除，人们拍手称快，修建了梳田神社，供奉女子和她的梳子。[③] 《神祇志料》将这个故事作为证据，称当地的祭神即为奇稻田姬，可惜这只不过是白费力气罢了。我们的问题是，为什么神话时期流传着许多名叫“栉”“稻田”的美丽女子故事？梳子确实叫作“栉”，但在这里，其所指绝对不是在稻田中劳作的妇女头上的那个装饰品。[④]

① 诸如田神完成农事之后即入山成为山神，勺子由山林之木所制并成为山神分灵，人类的妻子取名山神等内容，虽然很有必要另设一章进行专门阐释，但可以肯定与此是同属一系列的信仰。——作者注

② 《飞驒国中案内》。在这个国家盛行关于龙女神异的传说。书中记载，三川的横岩上有龙宫官女三处足迹，亦有三岁左右孩童足迹。《斐太后风土记》第十三卷记载，岸奥嫁渊的足迹其实就是嫁之足迹。村民孙右卫门的媳妇容貌出众并通奇异之术。村民皆以之为怪，联手将这个媳妇扔进深渊溺毙。大多数传说都是类似风格。————作者注

③ 《越中国神社志料》。射水郡栉田村大字串田。——作者注

④ 熊野新宫、下总香取以及其他各个传统大型神社，都将女性服装用具视为宝具。就这一神秘现象本专业的学者们尚无定论。御栉笥殿侍奉阴阳两界神灵的任务，远非寻常道理可以推测。——作者注

殖女・养女

对于插秧而言，日子有凶吉之分，如果对凶日插秧死媳妇的传闻继续进行深入剖析和对比研究的话，那么将会揭开古代史至关重要的一层面纱。因此，历代学者轻视这一问题的态度亟待改变。我想要提出的一个议题是，为什么插秧时一定要送午饭，也就是为什么一定要在田间地头吃饭呢？在一些地方，那一天所有的农人都必须要吃饭，即使最后的剩饭也不能带回家，而要直接倒进河里或喂给鸟兽。[①] 此外，对烹制午饭的食材和柴火往往也有着明确的规定。所以，没有理由说随便是谁在那一天都可以掌勺做饭或是运送食物。直到今天，日本仍保留着基本由女人来完成插秧日那天的田间劳作的风俗，而且这一风俗也存在于其他一些国家，可见这一风俗的动机与女性的生产力紧密相关。除了惯例中那些插秧女之外，我认为应该还有专门选定的负责饭食的妇人，她们会极力梳妆打扮，并作为插秧仪式活动的重头戏。查阅《洛阳田乐记》等资料可以发现，田间游行的行列中分别有“殖女”和“养女”两种女性，殖女即为插秧女，那么养女又是我们日常生活中的哪种角色呢？林道春的随笔记载道：“灶下养中郎将。”其中的“养”字上标注的假名发音与“奥那利”相同[②]，即“养”字的古训读与“奥那利”相同，通俗读

① 《三河吉田领风俗答书》。——作者注
② 《罗山文集》第七十三卷，第 472 页。——作者注

法为“乌那利”“奥那莫托”[1]等（《和训刊》）。今天在滋贺县、和歌山县等地，仍有许多村镇称呼在厨房劳动的女人为“奥那利”，这些奥那利在插秧日应该也同样肩负着非常重要的职责。媳妇死于田地的传说之中应当还隐藏着像肥后耶次四郎长者家做饭女子那样的人。我想，倘若追本溯源，或许会发现这其实才是招日传说的发端。日置部曾是古时的一个民族，今天只保存下来一个名字，而这个民族也许就是由女系相继的占卜家族吧。

（《民族》昭和二年七月刊）

① 原文写作“オナモト”。——译者注

松王健儿物语

筑岛和长柄桥

似乎一些自诩为史学家的当代学者常常认为，传说是一种史实材料，应当对其真伪进行判别。这实在是乐观到了可悲的地步。不论如何，传说通常都与史实不沾边。但如果真以这样的态度去探究国民的传统生活，除了著名的人臣将领一类的传记资料之外，想必大多数时候都会因为史料的匮乏而一筹莫展吧。所以说，我们解读的这些传说，其存在本身就可以称之为一份严肃的史实材料，而其转化为各种版本流传于全国，从侧面而言又成为第二份有力的资料。各个传说的内容都作为相互比较的原材料而发挥作用。其实，我本立志成为一名史学家，但又因为我的诸多好奇与疑问均藏在日本普通人的平凡生活之中，而这些是文献记载中找不到。因此，我才会一直执着于研究那些人们口头传诵的老故事，特别是其中复杂的、特点明显的传说。由这个目的出发，我便时常能够发现那些听上去神乎其神、令人难以置信的故事。比如“人柱”“桥柱”等等。这些传说处理起来，远比那些顺理成章贴近史实的故事简单方便得多。因为我无须任何顾虑就可以直接把它们列入史料，接下来再去探究活人祭神风俗的根源就好了。

作为八幡若宫信仰的变体之一，用少年或妇人献祭太阳神的传说十分普及，而且这种献祭并不是强制性的，在很多时候都得到了当事人的首肯，甚至是这些当事人自告奋勇要向神灵奉献自己的生命。现在这一类的传说绝大部分都已统一到“人柱传说”当中去了，但仍有少部分颇具特色且无法解释。因此，通过细致入微的比较，或许能够从中发现这一行为的根本目的。回想起来，幸亏当初不像今天这样有着交通发达往来便利，否则这些特色恐怕会在更短的时间内遭到同化而销声匿迹。现在，让我们来思考一下有关它们的问题吧。

第一个关注点应该放在被献祭的少年的名字——松王，以及这个名字与八幡神的关系上。赞州香川郡圆座村的氏神社现在名叫广幡神社，但其实就是八幡神社。据《全赞史》记载，这个地方曾有一座祠堂，其所供奉的神灵就是松王小儿，之后又将八幡神也请到了这里一并祭拜，因而得名松王山。① 在《南海治乱记》中松王小儿的“小儿”二字的发音同时也是“健儿”②的惯用读法，多半是有些人忘记了其所包含的“侍

① 《明治神社志料》。据社传记载，于天治元年由北原孙太夫创立，由此可知松王之为人柱应在应保元年三十七年前。——作者注
② 片假名写为“コンデイ”。——译者注

者”或“年轻仆人”的含义[①]所致。相传平清盛修筑今天的兵库港的时候，曾想杀三十个人献祭给神灵，他身边的一个名叫松王的亲随挺身而出，愿意代替那三十个人赴死。当时，松王的父亲在赞岐河边乡担任乡司，因此他儿子的壮举在当地传为了佳话。但实际上除了流传已久的舞本“筑岛”一章之外，似乎再也找不到其他的佐证了。[②] 松王山八幡也位于同一郡，但看上去并非和这一传说毫无关联，反倒有被其响当当的名声左右过的迹象。在邻近的伊予上浮穴郡臼杵三岛神社，将田井大明神供奉于相殿，主殿祭神如今名号为“松王小儿命”，除了松王之父田井民部由赞岐香川郡移居这个村落以外的其他记载，都基本继承了舞本的内容。[③]当然，也有可能是认为本家与祭神松王有血缘关系，所以在遗失了自家传承之后，不得已才跟了风。

然而，筑岛传说固定为今天人们所看到的形式并不是十分久远的事情。来迎寺，又名筑岛寺的松王本像及其起源、《兵库名所记》刊本等等可谓是世人皆知，所以奇谈怪论才会退居到人们通常看不到的地方。[④]尽管这些文献不外乎是对古老传说故事的承袭，但起码在御伽草子和幸若舞[⑤]的时代，还是将一些与此不同的传说干脆利索地统一了起来。举

① 《摄阳群谈》记为松王儿童，舞本中用平假名记为“こんでい”。——作者注

② 《南海治乱记》为此地学者香西成资所著，年代较之于前文引用的《全赞史》更为久远。序文为其与两三名记忆力好的老人谈话纪实集合而成，松王人柱的故事记载于河边家没落的章节之中。——作者注

③ 见于《明治神社志料》，以及《伊予温故录》等。——作者注

④ 近世编辑而成的《兵库筑岛传》是一部非常详细的读本，但其中收录材料太过全面以至于出现很多疑点，从“名所记”等就可见一斑。——作者注

⑤ 主要流行于室町时代的舞曲，相传为桃井直诠，即幸若丸所创。以道白为主，合着扇子节拍、小鼓、笛子等乐曲而舞。——译者注

一个极端的例子来说，《平家物语》中压根就没提到要用“人柱”。[①]而在《盛衰记》的三个版本中，分别是进献一名孩童、没有用孩子祭祀，以及只字未提。[②]总之，在平清盛公亲手制作的松王像问世之前，各类毫无根据的传闻甚嚣尘上。

但是，在如此混乱不堪的情况下，我们依然能够从中理出传说进化的轨迹，试读舞本“筑岛”可知，虽然结局始终是松王自己沦为牺牲品，但他充其量是在故事结尾处出现的一个问题解决者。整个故事其实是一出围绕着名月姬父女以及夫妇展开的悲剧。净海入道[③]依据阿倍泰氏[④]的勘文，决定将抓三十个人作为人柱沉入大海，于是在市镇关卡拦截抓捕旅人，而其中第三十个，就是名月姬的父亲左卫门国春。近薄次重的一位朋友得知了此事，来到这位女子家附近时，偶然将其父被捉走一事作入歌中被女子听到。女子当即决定前去为父乞命。她的丈夫也一路跟来，夫妻二人前往福原[⑤]哭诉，国春因此得以释放，但其他的二十九人仍难逃一死。故事至此，松王健儿才登场。而年代更久远的《平家物语》之中，与用人柱的情节不同，这里记载的是曾有人进言说，必须要抄写一万部《法华经》，另附上三十个人的名字一起沉入水里，但平清盛很生气，并没有采用这种方法。从这一段插曲中可以看出，舞本的内容或

① “阿波民部重能以奉行之名建筑。公卿皆称应立人柱，然其曰此乃罪业，故令人将原委经过刻于石面之上，遂得名经岛。”奉行之名为阿波民部，普遍认为松王的父亲名叫田井民部，《南海治乱记》中为河边民部。这一点反倒十分相似。——作者注

② 《参考源平盛衰记》。——作者注

③ 即平清盛，其出家法名清莲，后改为净海，人称“入道相国”。——译者注

④ 即安倍泰亲，阴阳师。——译者注

⑤ 即福原京，平清盛计划营建的新都。——译者注

许也经历过改动，即便幸而保留原貌，但在其成书的年代，世间流传的版本形形色色，切不可视而不见。

名月姬的传说，以及同样发生在津国的，趣味良多且变化多样的长柄桥相关传说，无疑同属于一个系列。[①]“祸从口出”一词见于《徒然慰草》，身着点缀着白色装饰的浅黄和服裤裙男子的故事则收录于安居院的《神道集》。可见，这绝不是近代人想象的那样，是个随随便便想出来的主意。也就是说，人柱计划来自于针对那些应该牺牲掉的人的暗示，而这种暗示多以诗歌的形式呈现。此外还有夫妻、父子两人以上共赴黄泉的桥段，自上古以来一直都是传说的重要组成部分。这些在类似于《筑岛寺缘起》等近世作品中，也能够隐约找到其遗留的痕迹。松王健儿出人意料地站了出来，解救了那三十个人的性命，有人说他实际上是大日王的化身，是筑岛大功即将告成的吉兆。这个说法看似突破了传统观念的牢笼，但松王惹人怜爱的孩童形象并没有改变，因此，可以说整个故事仍然保留着东西方民族献身类传说所具备的共同特点。或许也是出于偶然，引人注目的八幡神信仰也囊括了这段渺远的记忆。那么，今天就让我们更上一层楼，去找出这个活人献祭的主人公名叫松王的原因吧。

① 长柄桥柱的传说见于《雅俗随笔》下卷，众多教材都予以引用并进行考证。《广文库》人柱条目中材料亦基本齐备。《松屋笔记》第五十五卷也对这一问题进行了论述，并认为其起源应追溯到仁德天皇时期的河内茨田堤的传说。——作者注

松王这个童名

“松王”这个名字在近代日本可谓是耳熟能详。说到底不就是一个孩童人柱的名字嘛，可能很多人会抱着这样一句结论而不屑一顾。但是让我们认真思考一下，在迄今为止多如牛毛的故事之中，类似“某王丸”的童名，极少有能够达到如此知名度的。例如中古某一时期，由于一部分阶层的偏好，使这类故事流传开来。但事实上，像“某王”这样一个庄重的字眼，是没那么容易进入寻常家庭的。或许它最早源于赐子的风俗，进而发展出了社头元服[①]的仪式，成为一种信仰行为而被人们普遍接受，而之后，仅仅是出于先例多且反响好的考虑，就开始有人特意起这样一个名字，但依例仍要得到允许，这之后其才成为彰显神子身份的名字。自此，过去仅限于特定神人之间命名的规律也普及大众，而巫祝之辈自称“某王”的亦不在少数。巫女一词的发音用汉字表记的话，既可以是“神子”，同样也可以是“王”。

信州户隐神社侍奉神灵的巫祝家族传承至今，代代以“松王”自称。神乐是这一家族的专长之一，此外，起源于中古时期的巫舞这一家也保留了下来。[②] 想必与之共同保存下来的还有很多传说。家号松王，曾主

---

① 指古代日本男子在神社前的成人礼。——译者注
② 《乡土研究》第四卷第三号，栗岩英治撰文。——作者注

持京都北野天满宫的家族的两位后人现居西京，自称是菅公的车夫的后人。皆身着白衣，头扎唐轮，仍是童子的打扮。平日依靠末社的香火谋生。[①] 像这样明显只是神灵仆役的家族，却也能在名字里自带“王”字，不禁令人怀疑，“王”代表神子，且与若宫、王子神社同根同源的想法是不是错了？关于这个疑问，我相信可以与中世之后，大小神社中地位不高却被称作巫或觋的神职的问题放在一起进行解释。[②]

简要陈述一下我的观点。巫女在神社里所具备的威望和权力之所以不断下降，主要是受到了政治因素的冲击。担任这一职务的不是小孩就是妇女，而这些人单是在平常的家庭生活和一般性的劳动中，地位就很难维持在某一高度。然而，除了自古承袭的名称之外，他们还有一些东西也从未遭受过外界的侵犯。无数极为重要的宗教行为，始终都归属他们掌管。例如在祭日服侍神灵左右，特别是掌管一天的供品，这些事情在那个年代所包含的重要意义远非今天人们所能想象。也许他们还要与神灵一起享用，甚至是代替神灵来接受这些供品。另外，不可避免地要定期或不定期宣布神谕，这是他们的使命，也是他们承担所有使命相应必须要遵循的条件。即使是在把首席祭官当作神主的荒谬时代，这些职责也都非他们莫属，纵然世事变迁，他们也绝不可能失去曾经珍贵的名号。

“巫女意为神灵血脉”的说法竭力保护着这一名号，使之可以一直

① 《远碧轩记》上卷三。——作者注

② 关于这一点，在曾用“川村杳树”一名发表的论文《巫女考》中已做过相应详细论述。但是因为论证几乎都是假定且没有列入反面观点，所以其内容不足以充当论据。——作者注

流传于世，因此，如今想要证明这一词语的本义并不难，但无论怎样，随着时代进步，真实的历史需要它不断变更自己的含义。若不是神灵真正的血脉，那么他们便不可能与神灵亲近，因而越来越多的时候，最原汁原味的祭祀仪式难以重现，所以只有高调宣扬所谓第二、第三特征。这样一来，就在一定程度上放宽了胜任这一任务的资质要求，例如红极一时的宇佐神，其威德曾遍及四方，结果却是早早就出现了仕神者供给不足，一方面效仿安宗行教，设纪氏法师，以解释襄曩武内宿弥的起源，首次将君臣关系扩展到神社事务组织之中，同时，在九州地区推动若宫信仰进一步发展壮大，将所谓大三轮式的民间神话，即神为父人为母的高贵童儿故事向各地重新传播。文献上保留的线索不多，民俗学上却极为丰富的人闻菩萨的回游谈中也有这位高僧，传说他就是八幡的化身，母子两人走到哪里就济度到哪里，展现的或许就是当时的一种变化，我相信未来终有一天可以证明“人闻”这个罕见的僧名，其实就是对“人母”或“神母”的误读。

人死于非命化为御灵，则能够即刻得名若宫，并列入八幡的眷属神。现如今，倘若找不到这一信仰历程中早已归于尘埃的那一部分，自然难以给予这一风俗以合理的解释。如果神子思想的发展产生偏移，巫祝的言谈被施加了政治影响，诸如王神即为应神天皇[①]，大带媛即为息长足媛尊之类被称为学者式的解释掌控了某一时代的话，那么信仰自然会向其不受抑制的方向发展。如果没有让人敬畏鬼祟的风俗的话，单凭其为

① 御子神即为王神的说法绝不是凭空想象。中世神名中有许多实例，而今在越后长冈也能找到有利的证据。——作者注

主神的子神，是不足以享受配祀待遇的。同样，在某些时代，若宫的神奇灵验取决于人的心魂是否年轻，是否生机勃勃，能够在瞬间转入神界，而这或许也是后世向八幡神社祈愿统御恶灵的根源。换一个说法来说，就像松王人柱等传说是在偶然间流传下来的一样，八幡若宫实际上是在暗示过去某个时期，曾流行过杀人制造御灵的信仰。为了进一步探讨这个假设，我将会对众多人柱传说的特点进行列举和比较。

一母一子

分布在各个古国的活人献祭传说情节多有相似，因而不费吹灰之力便可以证明它们绝非一个个孤立的存在。例如，在修筑东上总尾长堰时，为了献祭神灵曾抓来一个名叫阿奈的女乞丐，在她吃着梅子的时候把她活生生地埋进了地下。后来在这个女子的葬身之地长出了一颗梅树，树上结的果实都只长着半边果肉。[①] 在下总印幡郡竹坂田池的堤坝上，也有一棵梅树，名叫“片多梅”，又名“片端梅”。其由来与前一个故事相同。据说从前修筑水池的堤坝时，无论怎样加固，它总是会坍塌。这时一个女子跑来说，只有一个办法可以一劳永逸地解决这个问题，那就是找一个神灵与人的中间人。结果，这个女子就被丢进了水里。当时女

① 《房总志料续编》。今长生郡睦土睦村大字上乡。オナ见于《狂言记》等，是一个极为普通的女性名字，大概是因为其为女性，因而尾长堰才被称作女堰。通常在人柱传说当地，常常能见到女堤、比丘尼堤等。——作者注

人背后还背着一个婴儿，婴儿手里拿着一颗还没吃完的梅子。因此这片土地上便长出了一棵结着半边果肉的梅树。[①]

同一类型的传说如果有且只有两个，那么其中的某一个多半会被人说是暗中抄袭模仿，但例如千方的逆柳、木尾原源太郎的箭尾竹叶、畑山重忠的片木瓜等等，都属于是以植物的某一特征来赋予其亡灵神力的做法，尽管各自采取的形式有所不同，但都成为世人熟知的故事。而今，同样位于印幡沼沿岸的师户金毗罗渊，就生长着果实只有一半，名叫“片木瓜”的植物。据说从前一个女保姆被农人虐待，纵身跳崖而死，临死前将吃剩的一半木瓜塞到了她年幼的孩子手里。附近的紫藤萝也感动于她背负婴儿的形象，都长成了十字形[②]。此外，这名女子身亡的那一天恰逢最不适宜农耕的七月十三日，当天，这名女子工作的船尾村的宗像神社就发生了许多怪事。

七月十三日，相传也是举行以松王为代表的众多人柱遭到献祭的日子。在赞岐佛生山的城镇附近有一处平家池，池中有一道堤坝，据说是相国平清盛时代的阿波民部奉命修筑而成。用作人柱的是一位过路女子，当时她怀揣着机杼，手里拿着秤。后来，机杼化作了竹林，而秤杆则长成了枝繁叶茂的松树。据说，当地修建了“契宫”代代祭拜那位女子，而松树则成为这座神社的神木。[③] 当然，即便是这种明显的虚假传说，

① 《印幡郡志》下卷，高木君所著《日本传说集》中还另外提到了前田林外君所报告的内容。——作者注

② 《乡土研究》第一卷第七号，香取秀真君。香取君家乡流传着不可思议的宗像信仰传说。送饭到田间的女子投入河中淹死的传说已经形成了一个系列，在其他地区也广为流传。接下来的陆前小鹤池就是其中之一。——作者注

③ 《赞岐三代物语》中卷。这是一个可以与“杖成长传说”放在一起思考的问题。——作者注

也是绝不会凭空出现的。比如，在尾张春日井郡的退养寺一个名叫松原的地方，就保留着一个发生的年代并不久远，半数内容相同的传说。当地有一方大池塘，每年都会毫无征兆地决堤，人们无计可施，眼睁睁看着滔天的洪水冲毁农田。后来有卜者说，需在五月的头一天捉一个携带着织布工具的过路人，将这人献祭给神灵才可消灾。结果因为卜者的一句话，一个过路女子就被扔进了水里，断送了性命。水灾倒是没有了，但取而代之的却是女子怨怒的亡灵，之后每逢五月，便有大量机织工作者死亡。据说那里的人们曾修建了一座道净寺来安抚女人的亡魂，但如今这座寺院早已是荒无人烟，只有机织池长存于世，因此，当地妇人们在五月份还是万万不会碰织机的。[①] 说到五月份不织衣、不搬动织机工具的禁忌，可以说举国上下都极为普遍，可惜来由始终不甚明了。大概是考虑到水神是女性，是女性就要织布，所以在最仰仗水神恩泽的农忙五月，不敢妄加模仿神灵的行为吧。凡是站在岸边能听到水底梭声的机织渊、卷机池等地，当初必定都是求雨祭祀的神圣土地，可见，那手持机杼的过路人，也一定不是普普通通的凡间女子。[②]

在大多数情况下，确定活人祭祀的人选需要遵循一定条件。除了占卜、托梦之外，在许多事例中，也会采纳被献祭人本人的提议，这一点很值得我们关注。“能不能说心中无数，父亲成了长柄桥柱”如今已经成为广为传唱的童谣。与此不同，在其他传说中，一个过路女子建议说

① 《张州府志》第十一卷。《尾张志》或许也是依据此而成书，但分别添加了一些新的资料。——作者注

② 《乡土研究》第一卷第十一号论文《持杼女》中谈到，被称作“杼掻”的巡游女性曾广泛参与民间信仰之中。——作者注

应该举行活人祭祀，但当地人又苦于没有合适人选，就干脆拜托这个提议的女子，让她自己献身了。《越中旧事记》中所记载的射水郡下村的“女堤”就是这样的一个例子。据说“女堤如口”这一谚语也出自此处。再联想一下松王传说中的场景，便会发现人柱不仅来源于当事人的建议，还有可能就是其本人的志愿。在前文提到的下总印幡郡半梅的故事中，身背幼儿的妇人曾很坚定地站出来说，唯有活埋一人方可止住洪水，如果用女人效果更佳，恳请你们将我和我孩子一起埋在这里吧。最后人们果真照着她说的做了。从此，堤坝岿然不动，水患也不复存在了。[①] 用所谓史实论者的观点来判断，志愿是最有悖人伦且反自然的举措。然而，唯有我们从当事人的意愿出发，才能够对无数杀掉建言者的例子予以合理的解释。明明牺牲一人即可了结灾祸，却偏偏要母子二人一同赴死，不论建言者说了什么，只要有人相信了，那就说明，这样的事情的的确确发生过。不然也不会在各地，都能找到同一类型的传说。

在武州栗桥一言宫也有着母子两人被献祭的故事。据说女人在被扔进水里的一瞬间说了一句话，后来人们建造的神社便由此得名“一言”。[②] 这同样也是一出过路人遭遇无妄之灾的悲剧，与九州丰前著名的母子人柱传说一样，可以确定是一位志愿者。柏原神社社传记载，这件事发生于保延元年八月十五日，但终究也只是个传说。其大略内容是这样的：宇佐神灵神代近千町的土地曾由七个领主管理，负责引流高赖

① 《日本传说集》第 237 页，前田林外君报告之内容。——作者注

② 同上，第 242 页。神名“一言”展示的是神谕的力量，我在《一言主考》一文中已对此进行了论述。——作者注

川之水的大井手堰时常决口，难以修复。于是七个领主商议要找人献祭给神灵。其中一个名叫汤屋弹正基信的领主建议说，将七位领主的裙裤放到水面上，谁的下沉了，谁就去献祭。结果，这位提议者的裤子沉到了水底。有说法称是他们七人抽签决定的，也有记载说是基信自告奋勇献身。不论哪种说法，结局都是一个名叫“鹤”的三十五岁女人带着她十三岁的儿子市太郎，乘坐着白木板轿子，代替汤尾弹正沉入了高赖川中游的滔滔大水之中。此后，人们历代都在她沉水的地方修建堤坝，而母子两人也被奉为这条水道的守护神。[①]

关于赞岐松王山的八幡神社，由于文献记载太过简略，所以很难从中找出二者明确的关联，但八幡终归是神灵的统治者，将其合祀于此也在情理之中。在九州的相原神社也是如此，祭神是誉田别天皇，鹤女市太郎母子只不过是配祀。五十年前其社名为八幡市神社，但老百姓习惯称其为鹤市社或鹤市祭。从这些民间称呼中我们能够看出这一信仰最初的样貌。但意外的是，每个讲述者所说的传说都有诸多的不一致，可见这个传说尚且算不上久远。比如在传说核心鹤女的身份问题上，有人说她是汤屋弹正的侍妾，也有人说她是家臣古野源兵卫的女儿，还有人说她是带着孩子来做奴婢的孀妇。总之，市太郎的父亲始终是一个谜。不过我觉得也正是这一点里大有文章。用一个正经八百的名词来说，这恰恰印证了传说的“不稳定性”。

---

① 《日本及日本人》乡土光华号，赤松文次郎氏撰文。《明治神社志料》曾引述《丰前志》及《相原神社缘起》进行了更为细致的叙述。《筑紫野民谈集》则不知引自何书，提到了汤屋弹正裤子上的补丁。——作者注

那么在这个地方的传说尚未受到长柄桥人柱传说的影响，尚未遭到同化之前，究竟是怎样的一个形态呢？说到这里，我们就不能再只盯着母子同赴黄泉这一点了。名叫“鹤”的女人投水而死，化身为神灵的传说同时出现在两三个相距甚远的地方，我认为这一定不是巧合。其中一则传诵于下总松崎的千把池，说的是有一个名叫“小鹤”的女子，她是个身强力壮的农业能手，某年插秧时，她在一天之内种下了上千把的禾苗，收工后她无意间弯腰从两腿之间望了一眼太阳，说了句怎么太阳公公还没下山，当即就遭到了天谴暴毙于田间。之后，人们将田地改造为池塘，在岸边的松树下修建了辩天祠来供奉小鹤的亡灵。① 我认为连同前文所述的女保姆的故事在内，这些都是所谓“嫁田”传说的一种普通形式，与伊波君研究的“奥那利神”其实也都可以算作同一体系。第二个相似的例子发生在陆前名取郡的小鹤池。小鹤是一个容貌出众的婢女，有一次长者命她在一天之内将一大片名叫“千刈田”的田地种满庄稼。小鹤忙于劳作，无暇给背上的婴儿喂奶，结果孩子被活活饿死，小鹤也郁郁而终。后来人们一直把田地中央的小山丘当作婴儿的坟墓来祭拜这对母子。② 这则故事与平前鹤市母子的故事很相近。在传统故事中，经常会毫无来由地出现人名相同的情况，这其中似乎蕴含着某种特殊的含义。伊豆伊东附近对马村若宫八幡的祭神被称作“千鹤御前”，据说是源赖朝与伊东之女八重姬所生。这个孩子之后被溺毙在镰田的轰渊，当

① 《印幡郡志》下卷，该郡八生村松崎条目。插秧女让夕阳返回的传说安排在“招日传说”一章单独叙述。——作者注

② 《封内风土记》第四卷，引用《奥羽观祭闻老志》。——作者注

时孩子手里拿着一根橘树枝。后来，孩子的尸首漂到了八幡岸边，那根橘树枝仍紧紧握在手中。有人将树枝插在地里，之后长成了参天大树，于是被人们奉为神树。[①] 这则故事讲述的也是母子神的来历，由此可以推断，“片木瓜”“半梅”等传说也绝非偶然出现的插曲。

“市太郎”这个孩子的名字也有可以考证的地方。“市”这个字一方面有仕神之女的意思，另一方面在九州也单用来指代婴儿。丰前田川郡线田村金村神社，每逢正月十五日御田祭的时候，都会吟唱三首插秧歌，歌曲本身并不是很古老。其中一首是这样写的：“憔悴孕方田间作，市子戏其旁”[②]。“孕方”指的是妻子，“憔悴”指的是面容略显憔悴。为了祈祷丰收特意让孕妇在田间劳作，并且还要把家中的小孩子带到田边玩耍。这首歌虽然说的不是神田和神子，但追根溯源，或许与陆前小鹤池体系中的插秧母子的故事有相通之处。一些地方也用“市”指代“王子”或“若宫”。在丰后国东半岛的富来町八坂神社的祭神即为小市郎，并且据信其为镰田氏一门的祖神。祭典通常于六月和十二月的二十八日举行，也就是与当地祭祀荒神的日子。河对岸的村落池田，所有的池田氏也在当天祭拜小市郎。[③] 因为此地受宇佐影响很大，即便是现今已经归属祇园管理，但终究是八幡御灵，也就是只知其母不知其父的童子神，所以得名“八幡”。

---

① 《日本传说丛书》之《伊豆卷》。出处为《伊豆志》。源赖朝传说创作传播多基于八幡神话。——作者注

② 文部省《俚谣集》第 623 页。——作者注

③ 镰田正宪君讲述。镰田君被大正十二年的地震夺去了生命。所谓荒神似乎也是该地御灵。六月二十八日通常为新历的“送月”日。五月二十八日为曾我兄弟忌日，除此之外这一天也与我们的御灵信仰息息相关。——作者注

如果今天想把各国的人柱传说理解为以某种形式展现出来的史实资料的话，那么只能遗憾地说，这不可能，问题绝不会这么简单。无论是传说还是某一地区土生土长的逸闻趣事，能够像这样遍布全国，就必然有其依据。前人先辈值得我们尊重，但可悲的是他们从未想过，既然用人柱来供奉水神，那为什么又在事后把他们的亡灵奉为神明，并且还会有鹤市神社呢？为什么只有他们才具备守护水土的能力，又为什么会有传言说他们能够洞悉未来的安危，从而主动献身承担起重大的责任呢？从常理来看，这些都是说不通的。人柱思想是随着时代变迁而不断变化的，一些人试图讨论这一思想是否曾经存在，却不去探究其变化轨迹，这种做法实在是可笑之至。

我们从水若宫这个社名以及龙女婚姻传说中可以发现，八幡与水神信仰二者的关系远比今天我们看到的要紧密得多。一个母亲一个孩子的神话故事在八幡神的周围尤为兴盛。因此可想而知，起码鹤市神社体系中的人柱传说，直接或间接受到过它的影响。但是，在八幡之外的信仰，例如伊予的和气姬与小千的御子，萨摩大隅的玉依姬与若姬，等等，仔细观察会发现其中大多数神灵都出现在水边。是先产生了水神由母子二神共同组成的观念而后赋予其母子牺牲于水的起源，还是献祭的风俗早已有之，之后才逐渐演变为人神化现的传说？如果能给予这一问题一个清楚明白的答案，那将不仅仅是日本一个国家的福音。国外学者每每论及此类问题，也都苦恼于资料的匮乏。反观日本资料极其丰富，却是杂乱无章，始终不能从中提炼出新颖的内容意义。要整理海量的资料，非有恒心，非下苦功不可。

因此于我而言，也只有以下这些可以拿出来讲讲了。我们不用费太多麻烦，就可以从八幡神社的古代信仰中找出它曾参与各国人柱传说的踪迹。这是其一。我将在“人神考”一文中对其一一进行证实。其二是通过松王、鹤市等传奇故事，首次发现了我们民族中传承已久且充满神秘色彩的水神信仰，其中确实包含了一些尚待我们一探究竟的内容。当然，这需要我们养成好的习惯，绝不能轻视所谓荒诞不稽的东西，要积极主动地走向大江南北，深入田间地头，去搜集、对比、研究那些濒临消亡的母子神信仰。我还依稀记得几个有趣的例子。骏州庵原郡中河内地区有一个村官名叫带金甚藏，他被村民仇视，以至于后来被拖到河滩乱石砸死，连即将临盆的妻子也一同被打死了。他的亡魂因此不散，造成了村里许多产妇丧生，村民都十分害怕，于是开始祭拜他，后称为“带金权现”。神社附近有一处瀑布名叫十郎瀑，十郎是带金家一个孩子的名字。据说十郎的母亲投身瀑布而死，死前她曾诅咒发誓，说今日之仇必报。从此以后，村里小孩多在四五岁时夭折。[①] 因此在祭祀亡灵的时候往往顾不得十郎之父，而是将他的母亲作为祭祀的中心人物。萨摩南部池田湖岸边有一尊神，神体是一棵老树，名叫池王明神。池田村有一位名叫四郎的农夫，据说他的祖先有一天从池塘边经过，看见一个人首龙身的怪物横卧于道路中央，便抽出短刀将其砍伤。怪物流着血跳进了水里。当晚，这个男人就发急病死了，他的妻子则被愤怒的龙王附体，大呼小叫、狂躁不已。亲戚一再谢罪，龙王说，我有一个母亲，只要你

① 《骏国杂志》第二十四卷上卷。——作者注

们向她献祭一对母子，我就饶了你们。于是人们便按照龙王说的，前去祭拜了那棵松树，之后那附近跑出来一条龙，倒在地上没有了气息。据说今天树下的石祠就是用来祭拜龙王之母的。[①] 这则传说的关键在于四郎的祖先斩龙之前正赶去参加一家人的婚礼，这段看似没有什么用处的插曲，却让我觉得其中蕴含着深刻的寓意。最后一个故事是在奥州二本松的北方，是个有关机织御前的传说。这个传说的主人公名叫源高国，他与下凡的织女成婚，生了一个孩子，取名松王丸，据说与羽衣传说类似，织女在松王丸七岁时重新回到了天上，后来人们将其供奉在神社里。另有版本与浦岛太郎的故事相似，说是高国的铁锹掉进了水里，他为了找铁锹潜入水中，之后与水里的龙女结婚。在水中待了三天，可当他回到陆地上已经一晃二十五年了。[②] 这些传说虽然从外表来看与人柱习俗毫不相干，但只有狭隘的史实论者才会刻意把这些传说割裂开来。所以，为了从根本上解决这个重要问题，首先必须明确这一类现象的相互关系。这复杂关系不仅仅是人为导致的，而是问题本身就十分复杂。[③]

（《民族》昭和二年一月刊）

① 《萨隅日地理纂考》第十四卷。——作者注

② 《相生集》第十一卷引述《金峨文集》及《澳德记》对此加以论述。东部日本有许多世家都把祖上第一位母亲奉为神灵。相马家等是在对妙见，也就是北斗七星信仰进行说明。——作者注

③ 此文篇幅过长，故而就此搁笔。“松浦佐用媛”一章将作为人柱论的续篇。——作者注

人柱和松浦佐用媛

化妆坂遗址

东北地区的许多地方都流传着用美女祭神的故事，不久以前仍有人以说唱这类故事为职业，而且他们所讲的大多都脱胎于同一原型，每个故事都有不少相似之处。例如在我最近读到的《登米郡史》中，就提到了在修筑加固今天登米町水面若狭大坝的时候，曾献祭了一位名叫小鹤的女子，如今的御鹤明神正是当地的守护神，不远处有一方池塘，名叫鹤之旧池。[1] 一说鹤女生于南部地区，也有人说她是被人从骏河买来的，据说她是产惣长者的侍女，因北上川时常决口，长者决定修建新的堤坝，

① 大正十二年刊《登米郡史》下卷第913页。此外这部书还收录了母子二人死于插秧之日的故事。根据中道等君近期见闻随笔，同一郡的浅水村白鸟沼也同属于北上的古川遗迹，然而当地的白鸟明神的祭神却是“御鹤”。同郡的佐沼町附近的狭间川有一处名叫“一之狭间”，当地也有一尊御鹤明神，据说要用七草供奉。而且“御鹤”在当地是一尊普遍供奉的水神的名字，而不是人柱的名字。——作者注

正巧这个侍女前来送饭，就不幸被捉去活埋献祭了。[①] 之后人们为了告慰她的亡灵，便建造了神社供人祭拜。从此以后，这片土地得以免除洪涝灾害，据说至今仍不乏信众。

陆中金崎千贯堤的活人祭祀，根据当地人的说法，是发生在年代并不久远的天和年间的真人真事。故事中的女子是从釜石海边买来的。[②] 不过，据说这位女子相貌丑陋，估计是嫁不出去了，父母就想到说，如果孩子到外面去闯荡一番，或许还能过上好日子，这才把她给卖掉了。相传，当地的人们挖了一个横洞，做好了填埋的准备之后，在洞穴尽头挂了一尊佛像，让各家女人轮流进去祭拜，最后，等这个丑女进去后，众人便把土填上，堵住了洞口。单纯从传说角度来看，这个故事略显夸张，而且从中我也看不出当地传说应有的特点。此外，同在胆泽郡叶场的心月寺古传说，即所谓的潟岸药师堂由来，在当地颇具影响力。所以很难想象这个千贯堤的故事能够在其影响力之下独善其身。我想，若曾有人询问过那位女子的名字的话，想必也应该是小鹤或是阿佐用吧。

所谓胆泽扫部长者故事，如今也只是一段无足轻重的历史。但因为长期以来一直由座头演绎，仍有不少段落场面宏大，松浦佐用媛以身献祭，正是其压轴一幕。[③] 接下来简单叙述一下其中的主要部分：长者的妻子吃了禁止食用的鱼肉而变成了蛇身，因而被奉为水神，她要求每三

---

① 运送午饭的情节与下总印幡郡宗像村的水神缘起不谋而合。中世时期，除了插秧之外，也不曾有过午饭这一说法。此外，肥后也有送饭女遭到杀害的故事。——作者注

② 据金崎的渡边武君考证。尽管是对《金崎村志》的抄录，同时活埋的还有一头牛这一点还是要引起注意。——译者注

③ 除文献记载以外，当地保存的传说大略，见于《乡土研究》第二卷第十一号，高桥、岛畑两人文章。我认为如今仍有必要继续对这一类传说进行收集。——作者注

年举行一次活人献祭。这一年轮到了郡司兵卫义实的女儿，他为了给女儿寻找替身，千里迢迢跑到京城，买回来一个名叫阿佐用的美女。据说尽管这个女子生于肥前，并且人们都管她叫“京君”或“京女”，却始终保持着“松浦佐用媛”这个名字，则是这个故事最应该予以关注的重点。

接下来还有一点，不仅限于佐用媛人柱，在其他诸多东北地区的文学作品中也能够找到相关痕迹。这便是人们常说的，传说所具备的定居的力量。也就是说虽然一段长长的旅程会演变为袅袅歌声或是翩翩舞蹈，抑或是化为历久弥新的传闻轶事，然而一旦当其来到这个地方，沉淀在适合它繁衍的沃土，它就会迅速生根发芽，创造无数新的故事，开始传说的第二次生长。这是其中最具有代表性的例子，是一个值得思考的话题。可是，为什么只有奥羽地区的传说才具备这种倾向呢？从理论层面考虑，这是一个有趣的论题。比方说，因为某个地方缺乏历史，又执着地想找出一些可信的往事，自然而然会用谣言传说来填补这种既找不到反证又畅通无阻的空白。不论在哪一时代，人类的信仰都需要经过证实之后的根据，而只有歌谣曲赋之类非比寻常的词句，才有着不凭借内容，就能左右人们情绪的能力。千千万万的假设个个看上去都像是真的，却苦于无法找到稳妥的方法证明它们。总之，传说迟早会离开它们的生身之地，散落民间成为谣传而走遍大地。然而，在日本，当然也只有日本，这些在世上飘荡的传说无数次地落地，或是被醉翁之意不在酒的各个寺院引用在了起源里，或是被对一方水土爱得深沉的人们亲手栽培，最终它们都成为舍我其谁的真实历史。我想，像这种混乱和误解的局面恐怕今后还会持续很长一段时间。越是在文献记载中鲜少提及的边远市镇，这类情况处理起来就越发棘手，但唯独是这个佐用媛，只需一个偶然的小小的线索，就能轻而易举地得到其他情况无法企及的真相。

如今，有关胆泽的扫部长者的遗迹不可胜数。在据说是长者宅院的遗址的上叶场的稻荷山近年发掘出了大量的炒米，[①] 在北叶场的蛇池，如今也生长着单叶的芦苇。当年用四株柳木在水面上搭建的看台遗址——“四本株”，以及埋藏着恶蛇之角的角冢与蛇冢，等等，至今仍保存在一个名叫“都鸟”的村落里，但将此作为证据恰恰是本末倒置，不过至少附近的居民不可能是因为这些遗址才从其他地方迁移而来，况且应该也不会有人苦心孤诣地编造设计，所以，即使是误解，也一定有因可循。

把这些传说一个一个拿出来分析是不现实的，但我认为其中有一个是不能放过的，那就是化妆坂的药师堂。据说佐用媛在经历了漫长的旅行之后，想找一个了此一生的地方，先是来到森林吃午饭，然后在化妆坂化了最后一次妆。如果用坊样[②]的三味线乐曲做比较，这应是间奏最多的场面。但我们应该注意到，“化妆坂”这一地名不仅存在于北上川的平原，更遍布全国，而且多伴以美丽的传说故事。我从中选择两三个关系略为疏远的例子讲述。最著名的一个发生在镰仓，一说那里从前住

① 引自杂志《考古界》第一卷第三号，大槻先生关于扫部长者餐具的传说记载。是稻荷山心月寺的珍宝。炒米亦出自这座寺院。据《封内风土记》第十九卷记载，长者妻子变身而成的大蛇的牙齿和骨头也保存在寺中。《奥羽观迹闻老志》是最后一部对此事进行记载的文献。——作者注

② 一般指男性的盲人行旅艺人，通常会演奏三味线。——译者注

着一名艺妓，也有说是曾为平家的大将化妆，不管是哪一个说法，都位于大路旁边。[①] 也是在相州，大矶高丽寺山下即是化妆坂，而在程谷南行路边则是化妆水，前者与大矶之虎有关，后者则是政子御前，皆依附了著名的女性传奇故事。[②] 在遥远的丰后玖珠郡泷神社有一口妆之井，据说一位名叫小松女院的高贵女子带着十二个奴婢，从都城出发，一路追随吹笛名手少纳言正高，到达当地之后投井而死，被奉为神灵。在出云海上的化妆岛，传说有十位罗刹女每天都会来岛上梳洗弄妆。[③] 在播州纲干町小学旁边的斜坡有一块试金石，又名明神石，相传远古时期加茂明神曾现身于此化妆，尽管后来当地人违背了神意，致使神灵迁往了室港，但当地却得以繁荣昌盛。[④] 备前瑜伽山中的化妆池曾住着一个恶贼，他用池水化妆易容，化作妇人模样加害于人。据说今天供奉的神灵就是其亡魂。[⑤] 此外，各国称为铁浆[⑥]附岩、倾城石的遗迹，附近都有泉水并且地处坡路旁边，当地一般也都会流传类似的传说故事。

所说的胭脂、铁浆、香粉等化妆品，最初的用途是什么呢？如今在日本，研究这一妙趣横生的问题，可用的资料很多，但关注的人却少得可怜。各国传说在化妆坂上的共通，至少暗示了两点，一是其关乎信仰，二是关于歌舞。能够同时参与上述二者的高人究竟是哪一类型的女性，

---

① 因无法详述，现将参考书目奉上。《新编镰仓志》第四卷，《镰仓揽胜考》第一卷，《镰仓旧迹地志》，《镰仓物语》第一卷等。——作者注
② 《改元纪行》上卷，以及《十方庵游历杂记》第三编下编。——作者注
③ 《出云国怀橘谈》下卷。——作者注
④ 《乡土研究》第四卷第三号。——作者注
⑤ 成岛柳北《航薇日记》所引瑜伽权现的起源。——作者注
⑥ 铁浆是一种用来染黑牙齿的液体。——译者注

这很容易就能想到。在信州西北偏僻的山村中有一处廓屋敷和倾城清水，据说那里的泉水非常适合用来化妆，因此村中的戏曲艺人常去那里汲水。[①]化妆时必会准备一些泉水，也成为习俗流传了下来。相传距东京不远的橘树郡下作延村圆福寺的辩才天女，她身上会流出一股清水，即便天气再干旱也不会干涸，其所居住的山洞被称为“女郎洞”或“铁浆洞”。[②]相州中部比比多村神户化妆冢，据说在三宫明神祭礼时，曾经将神舆安置其上并加以装饰，[③]这里的“化妆”指的就是祭祀仪式所做的准备了。野州日光地区有一座金刚山，山中有一名叫“化妆宿”的地方，是修验者入山修行的住宿地，也是隐秘苦行的道场，一般人通常不会前往打扰。修验者与化妆，这二者乍一看毫无联系，但其实修验者们恰恰是为了神祭，才选拔优秀的美少年，并将他们送往深山修行。

走进奥羽地区，也能看到大量化妆坂、化妆水的遗址。平泉中尊寺八幡社向西行不远，便是一处名叫“妆坂”的地方。据说是因为过去正月祭祀摩多罗神的时候，田乐表演者会在这个坡上候场，所以得名如此。[④]这更加支持了我的推想。总而言之，在那些为献祭而买来的女子所形成的遗迹中，有许多地方的名字都十分相近。位于福岛县安积郡八幡的八幡神社北面的化妆坂，相传得名于祭神之日在此化妆准备的男性神乐演员。[⑤]若来到信夫郡山田村的大清水，便会听到钦明天皇皇后石姬尊在水中洗

① 《小谷口碑集》第62页。位于北安云郡中土村字清水山上区的高町。据说该地即为平仓城城下町，地貌相对平坦。——作者注
② 《新编武藏国风土记稿》第十八卷，其名起源不详。——作者注
③ 《新编相模国风土记》。——作者注
④ 《平泉志》《囊尘埃舍录》第五卷等。——作者注
⑤ 《相生集》第七卷。——作者注

手的传说。[1] 若再向北，前去凭吊陆前名取郡岩切的化妆坂镜池遗址，这时听到的传说就会变成投身小鹤池的小鹤女曾倚靠在斜坡上梳妆，以池水为镜整理妆容的故事了。[2] 接下来再前行，听到的故事就基本都是松浦佐用媛的了。然而人们总是在她的传说上犯错，并不一定是因为其不容易被发现，而是只有在女人用这里的水化妆的那一天，这个传说才会被歌颂[3]，或是被表演出来。

旅人叩拜之神

今天我们看到所有的人柱传说，如果不经过详尽的对比研究，那么将无法判断其究竟是从外部传入，还是当地土生土长。但是，唯独奥州的松浦佐用媛，我们可以斩钉截铁地说，它是借鉴他物而创作的仿造品。其中包含了力量强大恩威并重的池塘、沼泽或河流，当地居民始终将它们奉为神灵虔心祭拜，从前是神灵掌握万物的命运而令人敬畏，现在的神灵和颜悦色赐予人恩惠，那么祭祀仪式也就变成了对神灵的感恩戴德。[4]

① 《信达二郡村志》第一卷。——作者注

② 《封内风土记》第四卷。《新撰陆奥风土记》第九卷中也收录了岩濑郡化妆原镜池的故事，讲述的是庄柄平太之妻。——作者注

③ 必须来化妆坂化妆，或许是神舞的祝词所惯用的部分。栗田宽先生的《古谣集》收录的大和石上神官所传的雨乞跃之歌：山伏が / 宿とりかねて歌をよむ / 何とよむ / 何とよむ / 茶屋の前なるけはひ阪 / 松にさくらは散りかかる / 松より桜はおおもしろ。日光山中的化妆宿等地多流传这一类神舞。——译者注

④ 近来仍能够见到为了求雨而表演戏剧《天神记》。尽管明知是妄作，但仍有不少人对此满怀期待。——作者注

就好比是由法师执掌社务，便会大力弘扬佛法，如今歌舞艺人参与神事，那么他们学习并传承活人献祭水神的故事，自然演绎得活灵活现。加之对那些需要在低湿的土地上种植水稻的老百姓们来说，无论迁徙到什么地方，旱灾水灾，对他们而言都是躲不过的巨大困难。于是，同一个神秘的传说便能够在全国的版图上找到它扎根的土壤，而这个传说的最佳搬运工也自发追随而来了。

正因为如此，同一个松浦佐用媛才能在四面八方的清泉涓流中保存她的原貌。比如扫部长者故乡，同样也有着数不尽的遗迹，却无法用心月寺和潟岸药师堂把各地传说统一起来。例如在江刺郡的角悬观音，蒲生长者之妻变成了一条大蛇，抓住了松浦佐用媛正要下口的时候，忽然《法华经》显灵，大蛇顿时大彻大悟，丢下佐用媛飞向月山而去。[①]还是在胆泽郡，盐灶村虚空藏堂的传说略有不同，它并未提及水神是不是长者的妻子，只说是在池沼上铺了一张席子，年轻姑娘坐在上面作为祭品，据说后来姑娘的护持佛感化了大蛇，而这尊佛就是佛堂供奉的虚空藏尊[②]。

越过县界来到宫城县内，首先映入眼帘的就是栗原郡小野村的佐用媛化妆水，又名为箱清水。据说从前佐用媛被选为祭品送往胆泽，半路曾在此泉边梳洗，窈窕的身姿倒映水中，后来又把化妆的用具丢

① 《埃舍录》第五卷。据说从西国买来女子的武士名叫清水军次兵卫，可将两地传说颇为接近。下一个故事则是郡司右兵卫尉。为什么一味忠实于这一点呢？——作者注

② 《封内风土记》第十九卷。——作者注

进一个虚空藏由来，讲的是女子用妙计制服了大蛇，将其掩埋并建造佛堂的故事，由此可见，这不过是将原本就两不相干的传说合二为一所造成的结果。不过这个可能性几乎为零。现如今，以邻近的玉造郡柿沼为代表，佐用媛历险传奇的旧址有两三个，但都欠缺扫部长者这一故事背景。此外还要注意的是，栗原、玉造这两郡美女传说尤盛，尤其是小野小町的故事更是多如牛毛。《义经记》后脍炙人口的姐齿之松的故事就发生在栗原郡的梨崎村。姐齿或许是最早的说法吧。但现在的说法是气仙郡高田长者的姐姐的女儿，在受召前往王都之前，不幸在当地辞世，之后她的妹妹采女就留在了那里，据说在这里留下了哀叹歌咏的遗址。以前有人说是松浦佐用媛姐姐的陵墓，也有人说是小野小町姐姐的陵墓，松语山龛龙寺的说法则是陵墓为小町所建。[②] 旅人的上腊的名字必须是松浦，且必须是佐用姬的原因大概也蕴含其中吧。

《封内风土记》的编者不相信同一个传说能够影响到几乎所有的池塘河水，所以他把最著名的胆泽人柱传说作为核心，尝试着统一这些传说。可惜这一努力最终以失败而告终。远田郡休冢村，村子得名“柳冢”，而这座柳冢也是佐用媛的遗迹之一。如果令人眼花缭乱的传说能够就此打住，尚且还能够有始有终，但回过头去，在今天仙台市北五番町附近，两性院前方有一个名叫“衣纹坂”的小斜坡，据说松浦佐用媛曾在这里

① 《封内风土记》，第十八卷下。——作者注

② 尝试着在同一书中对《名迹志》和《闻老志》进行引用对比。深切体会到了固有名词的不稳定性。——作者注

休息，将衣纹印在了上面，寺门前如今还保存着这方凳石。不仅如此，同样位于宫城郡的岩切村里还有一座名为“化妆坂镜”的池子，相传是佐用媛曾在这里以水为镜梳洗打扮，而非一些人所说的小鹤子。[①] 如此一来，就更难与扫部长者没落的传说挂上钩了。

听说在奥州南部最偏远的松山，波打山口的北麓有一座松浦佐用媛堂，但我没有去那里求证过。而从仙台向南，安积郡片平村附近则有一处非常确切的遗址，许多往来的旅人都有所耳闻。《东国旅行谈》记载，长者爱女被选为祭祀浅香沼的供品，于是长者便买来一个名叫佐用的孤女，让她代替自己的女儿。佐用在赴死之前用卖身钱做了一尊观音像虔诚祭拜，最终大蛇被慈悲的力量感化，从此不再用活人献祭。[②] 到了《假石略谈》时，传说中多少已经掺杂了近代的特色。我觉得很有必要，所以在此介绍一下梗概。曾有一个名叫浅香玄蕃的面目可憎的武士，他迷恋上了主人的女儿，但他却把自己的心上人丢进了池沼杀害了她。结果，女人的冤魂化作大蛇始终纠缠着原来的家人。后来有神谕说，每年三月二十四日，将一名少女献祭给大蛇，就可以平息它的愤怒，保障生活安宁。到了第三十次献祭，选中的是片平村权贺大夫的女儿，于是大夫便去外地买来一个女子代替自己的女儿。这个买来的女子名叫佐用媛，是大和壶坂松浦长者金任的女儿。后来，在佐用媛诵读提婆品的感召下，

① 《埃舍录》第一卷及第二卷。——作者注
② 严谷氏所著《东洋口碑大全》第 919 页中对此有摘录。——作者注

大蛇顿悟立地成佛。原本这个故事凭借西国三十三所[①]观世音，以及棚木之樱、蛇冠石等使足矣传世，可惜书中又说到，蛇骨被雕刻成五寸五分的地藏尊，并且佐用媛在神女的陪伴下返回了奈良，之后嫁给了大伴狭手彦为妻。这些实在是画蛇添足。[②]

然而，即便是这种读本式的小册子，其作者也不会去凭空捏造。有时，作品反而会格外认真地保留当地传说原貌。尽管在我看来，如果是弄虚作假，仿造虚构，大可再极尽铺陈言之凿凿一些，但古人是绝对不会做这等勾当的。这则故事与盛行于室町时代的孝女传说草子《佐用姬》的情节半数以上都非常相近，她的父亲是大和壶坂的松浦长者，据说她是为了不再让母亲忍受贫穷的煎熬而卖身献祭。只不过在这个故事中，女子以身饲蛇的场地从近江的势多桥转移到了奥州的安积沼。[③] 对一些人来说，这些抄来的草子可能无关紧要，甚至可以毫不犹豫地断言说它们是对中古东奥一带地区传说的剽窃改造，但这些传说同时也许是保存至今的唯一正本。和州壶坂的观音能够与松浦姬联系在一起，必然有其深刻的原因，而且我认为这一原因堪比胆泽的栗原药师、虚空藏融入传说的原因。换言之，传世已久的佐用媛献祭水神的传说能够传入大和地区，并在当地发生一系列改变，或许只是一个偶然。假如果真如此，那么接下来还有一个记载于肥前《古风土记》的故事。之后成为狭手彦将军的恋人，后世称为“远人松浦佐用姬”，也就是那位登上山顶挥动领

① 西国指近畿二府四县和岐阜县，三十三所是设于这些地区的三十三处观音灵场。——译者注

② 《相生集》第十九卷引用部分。——作者注

③ 《镰仓室町时代文学史》第362页。该书作者认为这个故事近似《法妙童子》草子，但由于后者已失传，故不可求证。——作者注

巾的筱原弟日姬子，与三轮少女、姬岳之花相似，据说是被蛇神诱骗到了山顶的池沼。这个故事也传唱为歌。

《峰相记》成书的年代已经无法考证，但从其文体来看，至少要早于《御伽草子》[①]的《佐用姬》。据其记载，一位领巾振山的少女曾在各国流浪，最后在播州成为神灵，即是播州的佐与姬明神。在得知佐提彦客死异乡之后，她悲痛欲绝，原本打算前往东国，但最终还是难以承受与心上人阴阳两隔的事实，终日以泪洗面，直至泣血而亡。后人敬佩她的忠贞，便将其奉为“佐与姬”明神，她离世的这片土地也被叫作“佐与”郡。虽然这个传说明显比壶坂松浦长者的故事更为牵强，而且与献祭水神没有半点联系，但却从另一个角度证明了佐用媛献祭的民间传说的确颇有名气。例如“生贽”[②]一曲，就歌唱了父女两人途径东海道，留宿在骏州吉原，女儿被人捉走，作为祭品，献祭给了当地的富士御池。其父则是悲伤不已，从此孤苦伶仃。从“聚散两依依，逝者貌如昔，每思松浦佐用媛之时，伏岸悲泣不可止”的语句中，丝毫也联系不到前代肥前之女目送郎君扬帆远去的情景。[③]

在胆泽郡也有一些人柱故事称佐用媛之父就是扫部长者。[④] 这又展示了一种怎样的变化呢？着实是一个有趣的问题。我认为，在佐用女的

① 《御伽草子》是日本室町时代的大众文学，作品多取材于民间故事，作者包括僧侣、隐士等。一寸法师为《御伽草子》中最著名的故事之一。“草子”相当于“物语”。——译者注
② 意为“活祭品”。——译者注
③ 谣曲大多类似此例，或是从耸人听闻，或是继承既有歌舞章节。“船桥”就是其中典型的一例，描绘的是殉情男女的灵魂显现翩翩起舞的情景。也保留下了一些词句，例如：扣柱磐石苦，顾看两凄凄，痴心化鬼魅，共赴三途川。可见这原本也是松王健儿传说的一个类别。——作者注
④ 比如大槻先生在杂志《考古界》第一卷第三号上所提及的故事。——作者注

有关传说中，九州地区的众多代表作品是自成一派的。其中大多都是父女两位旅人，然后父亲杀死了同行的女儿等这类结局悲惨的故事，而且这些传说必定涉及道旁、斜坡、路口石神的由来，并且多是一些略显龌龊难以启齿的情事①。我推测，佐用女多半是从道祖神信仰而来。当然这个看法还需要另立篇章来做详细论证，但至少在不远的西国人柱传说中，作为祭品的女儿就名叫“佐用”。据史料记载，享保五年，筑后三井郡床岛修建堤坝的时候，一个九岁的小女孩被塞进麻袋沉入水底。这个小女孩是因为家境贫寒而被卖掉的，名叫佐用，其父名叫古兵卫②。故事到了这里，我还是毫不怀疑传说的影响力的，可是传说的后半部分又转出一个白发苍苍的奇人。他将小女孩的尸体打捞上岸，并用神力使其死而复生。看到这儿，就不得不相信东北地区的松浦佐用媛的确经历了长途跋涉。

无论这位女子是游女还是上腊，或是长者的掌上明珠，结局都是一样的。在村镇在祭祀活动时，化妆表演神灵故事的人，从古至今其所处阶层从未发生过改变。不过是侍奉道祖神，载歌载舞，充当神与人的中介，亦有文献可以对其进行证实。道祖神即情欲之神，佛家将其描绘为象头神。道祖神供奉于村落交界处，据说它食用美女的心脏，所以献祭时必定要用年轻女子。可想而知，在对过去发生这种古怪的事实不以为

① 本山桂川君、甲斐直人君等人均对此事非常了解。他们说至少在肥前肥后等地有许多这一类的事例。奄美大岛的古见，冲绳国头的源河等地通称“羞耻之痛”的传说，讲述的都是相恋男女之死，绝非北九州佐用女的传说那般丑恶。——作者注

② 见于及川仪右卫门君所著《筑紫野民谈集》第153页。——作者注

然，甚至对这类事情信以为真的世相背后，或许就隐藏着一种国民信仰层面的传统特质。因而，在比较过诸多事例之后，当这一次我们看到单凭一个松浦佐用媛献身就让穷凶极恶的水神改邪归正了，从常识来说显然是不可接受的。

近来，仍有一些人认为那些令人唏嘘不已的戏剧是过往真实情况的再现，即便是他们知道了作者、意趣等之后也是如此。也难怪那些既无剧本又无注释，在祭祀之日不断重复表演的旧式神事舞蹈，经年累月之后，故事中的主人公和表演者会被人们混为一谈。陆中有一个著名事例。虽然无法明确判断其出处和删改的情况，但从其名字就足以确定曲子里的祭神就是佐用，而且也是人死后复生成为神灵。比如成为松王的少年，名为小鹤的女子，[①] 都是与隐约存在的人神信仰相伴产生的，或许以后从简单的一个词汇出发就能复原古传说真正面貌。优伶之人很难留下自己的本名，即便是留下来的字号，也多是观音、地藏之类，与室游女扮演普贤菩萨相似，都用自己所擅长表演的佛名作为自己的称呼。可以称之为佐用媛的女性不时途径奥州，她们就凭借的是伶人之力而将传说保存下来，尽管会有一些错误，却让那些古老的传说始终光彩熠熠，焕发着勃勃生机。[②]

① 会津地区流传着鬼一法眼的女儿皆鹤姬仰慕追随义经的故事，据说当地仍保留着其投水而死的池塘。尚且还留有余地以资鹤女传说比较。——作者注

② 坊样演绎的传说大多都有据可循。《平家》《义经记》等，我认为均取材于妓女的歌曲。我认为无论是小督局、佛御前还是静御前，盲人们传承的内容并不一定完完全全都是谣传。——作者注

小松大夫的定居

不知不觉说了太多，暂且将我的计划列在这里。从讨论松王人柱的由来开始，就一直有一个问题没有解决，那就是为什么孩子的名字叫松王。到了基本确定松浦佐用媛的“佐用”其实指代的是道祖神，对在这个从奈良时期就出现的民间传说中始终纠缠不清的“松浦”这个名字，也有了一并解释的必要。大概和我设想的一样，假如五畿以东的地区广泛流传的一段传说曾是女伶人表演的舞曲，那么第二个问题就来了，她们从何处来，又往何处去？事物的根源往往难以寻觅，但即使像中世兴盛一时的旅行神部之末，也不会随意混杂于老百姓中间。因此，纵然是海角天涯，也必定能够找到它的痕迹。如今我手边不乏答案，恰是解决松王松浦的“松”的好时机。

我注意到的“松王”这个词，同时还包含着“健儿”，即“侍童”的含义。古时候，也写作“臣”或“大夫”。待汉语发音成为风尚，这个词的使用便逐渐限定在固有的宗教领域。作动词时写作“待”[①]，指代祭祀时写作“祭”[②]，如今在一些地方也用“申”[③]，这么看来词源应该都是同一个。于是，神人时常被命名为“松王丸”，而“松若”这

① 原文写作“マタス”。——译者注
② 原文写作“マツリ”。——译者注
③ 原文写作“申し”。——译者注

一美少年也翩翩登上舞台。在八幡它被叫作“松童”，此外在北野天神的老松末社，也保留了许多与此相关的传说。在《古今集》中留下芳名的三国的町，小野的小町等女性，她们的境遇或许由此而能够得到新的阐释。这些“町君”之中的一些人曾历经长途跋涉，参与到了各国的神祭当中。有时遇到当地人的信仰未成形时，便很容易就可以将他们导向自己信仰的神。可见从前神道绝不会用说教的方式给人们传教，而会选取故事由来中最为具体的例证娓娓道来，从而让人们自然而然的接受。人们信任其创造的历史，在固定的某一天在一个公开的场合描绘得如同亲眼所见一般，神话就此产生。然后再用某种特殊方法控制住其中凡人们最害怕的小神，特别是人的灵魂幻化的那些神，这是一种行之有效传统手段。这也就是传记文献中的“凶神治平”的故事。俳优中负责主要部分的演员即为松童，因而逐渐成为神的代表并具备了一定的实力。他们不会再就此离去继续浪迹天涯，他们中的大多数选择与神话一同在扎根某地，并且慢慢不再需要继续组织传统的祭祀活动。

在陆前栗原小林的虚空藏堂，果然如我所料，小野小町取代了佐用媛的任务。有人说并非只有一个人名叫小町，山城京早期有数十个采女都叫小町。听上去难以置信，但关键在于全国各地的遗址显示，真相确实如此。所以，小野这一族从近江西边一隅出发，宣扬母子神谕并进入东西各国，[①] 显然与各地的小町冢、小町诞生地的传说有所关联。小町

① 在我的旧作《助神话》中，曾谈到猿丸太夫，也作猿丸大夫的传说就曾被这些语部传诵，《被当作史料的传说》一文中，也曾提及小野宫惟乔亲王是辘轳师祖神的说法，就由来于这些人创造的太子神话。显然，这寥寥可数的几个例子不足以说明问题，以后如有机会当予以详述。——作者注

相关的各类民间传说可谓是历久弥新长盛不衰。假如我们肯定这些传说的流行不是强加于人，而只是单纯因为仰慕某一女子旅行的翩跹风姿的话，那么数量庞大的小野氏的传说最初取信于人的那些东西，如今反而成了束缚自己家族的条条框框了。

接下来是各国的平家谷，它们大抵都引入了博得世人同情的小松氏系列，特别是东国重盛之女维盛的妹妹是比丘尼的子孙的例子，随着平民史学的发展，其已完全从中分离了出来。不过，其与小野氏的小町仍然是同根同源的一类。因为这一看法有批评现今各地世家家传之嫌，所以在选取材料的时候要尤为审慎。不过，至少从地理和文献上推敲也能够发现，在平家完全不可能涉及的一些方面，小松氏避世而兴的根源，在于他们对神灵的依附，其祖先即是追随神灵供奉神灵的侍者。同时这也是伊予上浮穴郡的山村里流传着松王小儿与田井民部父子传说的原因。再回溯一些，可能也是丰后或肥前某些名门望族，追溯大和的三轮、京都的贺茂、摄津的三岛、播磨的多可等神迹，为家中曾出过嫁给神灵的美丽女子而深感自豪的原因。或许这就是日本东北部的地方特色吧，因为社会发展缓慢，这些传统得以保存，其传说也保持了惊人的共同之处。可惜，如今地方志的研究尚且停留在非此即彼、相恨相杀的层面，如此下去，松浦佐用媛将始终是一个我们束手无策的不解之谜。

如果人们不曾团结一致在某件事上堂而皇之撒谎的话，那么这个平家谷系列劝请传说的分布和相似性，可以称得上是一个重要的现象了。特别是这一传说中最初出现的孩童或女性的名字通常都是“松”，显然这是一个不容忽视的重大问题。只可惜现在难以详述，所以姑且列举下越后的两个例子，来探讨一下其与松童研究的关系。在越后北蒲原郡天神堂村的菅原神社由来的相关记载中，延喜三年二月菅公筑紫病入膏肓，亲手赋诗抒怀并附上了自画像。运送书画前往出云国某地的船只在中途不幸遭遇风浪，最终倾覆，漂到了越后岸边。当时送书画的使者名叫松丸，是菅公的侍从，他无奈之下只好在当地上岸，之后得到了一位名叫田束觉之进的人保护，并娶了这个人的女儿。松丸所带画像共有两幅，其一留在了田束家代代相传，另一幅放在了神社里。据说后来惠心僧都来到此地，雕刻了今天人们所能看到的木像，并将画像放在了木像里面。[①]另一个例子说的是岩船郡上海府下马村的八幡神社。据说是八幡太郎征讨奥州时，从石清水神社请神来祈祷胜利，平定夷贼之后奉送神灵归位，但护送之人中途病倒了，借宿于村里的井上小松太夫家，久病不愈最终离世。因而当地便建造神社，将神灵的分灵供奉其中。武藏相模附近的八幡社中，半数以上也都持相同的说法。因为这个故事主干部分有些许相似，但由于其他方面有不少谬误，恐怕很多人都不曾留心关注吧。

或许有些多余，但最后我还想就京君的社会地位补充几句。不管是被称为君、上腊、姥或是比丘尼，一概都是游女的意思。其实她们的主要任务是宗教性质的，并非像今天学者们喋喋不休的那样，靠卖弄风情供人玩乐过活。她们与良家妇女的明显区别在于她们会化妆打扮，古时

① 《北野志》首卷附录第87页。天神社由来记中有许多是舶来之物。下一则故事也出自同一本书。——作者注

候多是些面具、帽子、舞衣等，以此与俗世划清界限，之后是伞、扇子之类，这些更是成为只有与神灵接触的人才能享有的特权。因此，其所言必为人所信，可想而知，她们的势力从一开始就不可小觑。随着一小部分贵族逐渐丧失了信仰，一味醉心于华丽的歌舞，彼此轻薄相互挑逗，以至于后来伤风败俗，对其自身而言更是一种土崩瓦解的堕落表现。[①] 将其视为有着数千年历史的卖春行当，其实是束缚于其名称而没有关注其内容变化所造成的误判。实际上，纵然她们的祖先曾是艺妓，也丝毫不影响家族的名誉。毕竟她们曾经是神的侍者，并独享统一这片土地信仰的功勋与荣耀。

（《民族》昭和二年三月刊）

① 所谓“艺者”，两百年前皆为壮汉，并且其中多为座头盲人。如果今天把他们中的一些人奉为茶楼交际的祖神，那实在是荒唐可笑。——作者注

老女化石谈

一

大矶之虎[1]化身为尼，周游各国，后定居于某地并修建佛堂供养塔，年老辞世后埋葬于此，亦有人称当地本就是其出生之处。关于她的传说甚至比和泉式部的还要多。但是，今天我不会斗胆将其记叙于此而给读者朋友们造成不必要的麻烦。我想说的仅仅是在大矶地区流传已久并在官道的旅人中耳熟能详的“虎石传说”背后的历史。关于这块石头的故事在柳亭种秀的《於路加於比》中已有详细记载。然而时至今日，我们很难再找到一块像虎石这么神秘莫测的石头了。经过长期的关注和研究，我发现其渊源竟然归结于一个连我都感到颇为意外的假定之中。

① 即虎御前。相传其为镰仓时代初期相模国（今神奈川县）大矶的游女，《曾我物语》中被描写为曾我十郎的情人，在曾我兄弟身死之后出家，巡游各国为其亡灵祈祷。——译者注

许多文献中都有记载，虎石位于大矶一个名叫宿河原的地方（《益轩吾妻路之记》等）。贞享三年出版的《诸国安见回文之绘图》这样写道：“语云宿河原，虎为石，好男可举之，恶男摇撼之则不动分毫。旅人歌中称此石为好色之虎石。”了意在《东海道名所记》中也饶有兴致地将这个故事记录了下来。在《一目玉矛》关于同一地方的章节中则写的是：“此町尽处有一虎石，色紫而光滑。旅人疲惫，只手施力，虽魁伟之人亦不可举”。看上去似乎是唯独商业兴盛的土地才会热衷的美男丑男的笑谈，事实上那不过是一块普通的试力石而已。从名称来看，也不过是好事之徒闲极无聊的恶作剧罢了。但以我之见，关键在于和州金峰山之下，也有一块类似的石头。据《本朝国语》记载，吉野大峰口龙泉寺旁，有一块十分称手的圆石头，名叫“老岁戊”[①]。前来大峰拜谒的人们会试着将其拿起来掂一掂重量，有时重有时轻。如果人们踹它两脚再拿的话，它就会变得很重，如果一边唤着“老岁戊，老岁戊”一边轻轻抚摸它的话，不费吹灰之力就能把它拿起来。因此人们也叫它“生石”[②]。福岛县信夫郡的插秧歌写的是在去往镰仓的路上，有一块石头形同女人，男人用手抚摸会使其愈发柔美（《俚谣集》）。这说明即便在边陲地区也存在着这一类的石头。

大矶宿河原的虎石不知什么时候开始隶属于某一座寺院，成为寺内独有。元禄三年问世的《东海道分间绘图》中有“虎石在此寺”的记载，其后又归日莲宗莲台寺所有。亦有文献将莲台寺写作“延台寺”，

① 原文写作“オイトシボ”。——译者注
② 也就是有生命的石头。假名写作“いくいし”。——译者注

但只有宿河原的寺院可以确定写作“莲台”。宝历年间这块石头被带到了江户，展示于同宗寺院——谷中的长运寺之中。那个时候谷中尚且是穷乡僻壤，石头根本没有人气，周转捉襟见肘，于是将石头带来的人只好把它典当给了根岸大冢村的一位老乡，总算兑到了钱得以回到相州。但由于后来这个人并没有回来赎石头，这让收石头的人头疼不已，于是就把石头捐给了当时还叫作檀那寺的长运寺。可是，寺院频繁更换主持，渐渐地寺院里的人也搞不清楚究竟寺里的哪一块石头才是真正的虎石了（《十方庵游历杂记》第二编下编）。《游历杂记》的作者释敬顺曾以此断言，如今看到的大矶虎石只不过是一块赝品，然而就在他说出这一番话之后不久，他便在大矶旅行的途中亲眼看到了虎石，之后留下了这篇杂记。依照这一说法，后来出现的“虎子石”应该也保存在延台寺内。辩天堂前有一块用丝绸覆盖的生石，通体乌黑，形状像是枕头，长约三尺，高七八寸，石头身、意二根俱全。在自然风化的部分裸露出黑色的小沙粒，据说是曾我十郎祐成顿悟之地的石头，并由虎御前将其带到此地。石头重约五六十贯（《十方庵游历杂记》第三编下编）。有说法称，没有钱又手无缚鸡之力的人无论如何也拿它没有办法。以上是文化年间的记载，而在文政十三年，《东云草》纪行中又发现了其他记载。虎石是被秘密放置在日莲宗延台寺内部，就是鬼子母神社之中的那块青石，长约二尺三四寸，周长三尺有余，重约十四五贯。相传这块石头原本是一颗镶嵌在鬼子母神社石座当中的小石子，从石座中分离出来后逐渐长大成为今天人们看到的模样。有一次，曾我十郎游历至此，他的仇敌欲用暗箭取他的性命，这块石头突然出现挡住了飞来的箭矢，之后石身上还留下了箭痕以及来势汹汹的敌人劈砍的刀伤。因而又有人称其为“替身石”（《於路加於比》上卷）。从中可以看出，石卜中最为渊远流长的“石成长”传说在逐渐消亡，并且出现了稍许向松浦佐用媛传说贴近的倾向。《锦里文集》中有一首题为“大矶虎娘石”的诗，诗曰：“虎女精灵谁又回，化为片石道之隈。纵令李广饮其羽，一个贞心更不开”（《海录》第十七卷）。此外，据说在鹬立泽西行堂附近，元禄时期虎女木雕的形象是一个四十岁上下，头戴花帽的比丘尼，法号是贞严院虎心善尼（《击攘余录》）。据说很久之前就流传着她贞洁刚烈最终化石的故事。这不仅与“依偎在美男子怀中”的评述大相径庭，与“石头身、意二根俱全”的说法更是有着无法调和的矛盾。

二

我们针对和泉式部之墓的反复考证充分说明了，在日本，没有一件东西是唯一的。但像虎石这样一块怪石头，其身影总不至于遍及全国吧？我曾在骏州大宫町的旅店河野屋遇到一位老太太，当时是明治四十四年，老人家已经六十八岁了。在聊天中，老人家提到她十八岁时，在富士郡厚原的曾我兄弟墓旁边的小河里有一块石头，大家都叫它“虎石”，据说只要一边用水洗涤石头一边默默祈祷，就可以包治百病。因此慕名而来的人络绎不绝（《古居杂话》）。厚原村有两座神社，其一是曾我八幡，另一座俗称虎御前大人，两社一东一西，相距约两町之远，熟悉历史的人大概会认为它是虎女的祠堂，但在当地民间传说中却不是如此。所以还请读者诸君留意“小河里”这几个字。信州上水内郡古里村大字驹泽有一眼泉水名为“虎清水”，泉水边有一块虎御前石，据说之前这里还有祠堂之类的建筑，《善光寺史略》曾引用汉文《虎石庵记》称，前往大矶虎善光寺拜谒的风俗古已有之，而且显然这里说的也并非是其他国家或其他时代的虎御前。此外，这块石头还是颇为灵验的求雨石。据说，在要降雨的时候，石头重量会增大十倍（《科野佐佐礼石》第十四卷），本家也同样将其用来占卜。除谷中之外，江户还有一座寺院有虎石。这座寺院是下谷新寺町的灵龟山法福寺，隶属曹洞宗，石头只是刻着三字梵文的古五轮。虽说它也被当作虎女的石碑，但却没有十分肯定的依据。据寺传记载，这块石头起初是松平（柳泽）美浓守从大矶得来的，之后又到了土井大炊头手中，再后来才被捐献在了这座寺院里。另有说法称，这块石头得名虎石是因为加藤虎之助①曾用它测试自己的力气。也有比较奇妙的说法称，清正曾将大矶的虎石碑当做试验力气的石头的说法，其实后来才传入了柳泽家（《江户志》）。还有一说，这块石碑在中古以前一直放在下谷附近的一位大名或是小名家里，但奇怪的是不知道是什么原因把它搬到了这座寺院（《游历杂记》第二编下编）。箱根山有人称曾我兄弟墓前也有一块虎御前石碑，在当地也流传着一个光怪陆离的传说。据说，每当这块石碑被搬走，它一定会在当天晚上自己跑回原

① 即加藤清正，日本安土桃山时代、江户时代武将和大名，幼名“虎之助”，外号“虎加藤”。——译者注

处（《相中杂志》下册）。在甲州中巨摩郡芦安村安通组的一个村子，至今仍为美人虎女生在当地葬在当地而无比自豪。村中的伊豆神社的祭神表面上是大山祇和大少两尊神灵，但同时还配祀了曾我十郎祐成夫妇。虎女镜石则位于神殿西侧（《山梨县市町村志》）。从石碑或石冢的数量来说，当属京都及以西地区与“虎”相关的遗迹最多。其数量之多，可见这位妇人活动范围之广。其中最令人惊讶的一例见于今天大隅国曾于郡东志布志村大字志布志，临济宗关山派的寺院大慈寺内，保存着一块虎石，据说整个寺院都是大矶之虎所建（《三国名胜图会》第六十卷）。这座寺院正殿旁边是江临大明神社，这个“江临”即是“降临”之意，从中亦可一窥这块石头往昔的风貌。

三

接下来是一些与大矶之虎有联系，但联系又多少有些牵强的例子。武藏北足立郡春冈村大字深作有一块名叫“虎子石”①的石碑，当地有锭殿、键殿两座神社，每逢九月九日便会举行竹刷道艺等神事活动（《共古日录》第五册）。我认为前文中的锭殿实际名字应该是应与“姥殿”相对应的“尉殿”②。但这一问题太过细碎，在这里暂且就不展开了。

① 原文写作“トラコ石”。——译者注
② “尉殿”的片假名写作“じょうどの”，与前文的“锭殿”读音同音。——译者注

在磐城刈田郡斋川村的上向山同样有一块虎石。据说，也是因为石头挡道有碍通行，曾想把它到别的地方去，但第二天一看，它又回归原位了（《刈田郡案内》）。情节大致与箱根的那块石头类似。因其形状酷似老虎，所以得名“虎石”。由此可以联想到六诽园的《立路随笔》一书中记载，“虎子”是一种海参，形似大矶缘泰（延台）寺门前所放的虎子石。大矶的虎子石立于一座平台之上，收藏于一个小库房里，库房的墙壁上则刻着曾把它举起来的人的姓名。问到他们是不是为了一试身手才举石头时，都纷纷否认，说是因为听说凡是能举起石头的人，就能如愿以偿收获爱情，因此称为大矶虎石（《海录》第十卷）。可见所谓“力石”原本并非单纯拿来试力，而所用的石头形貌细长且有一定分量也应该是有其理由的。但是，这也不足以说明人们会用一个连《大和本草》都不曾收录的动物名来描述它。相比而言，虎石得名倒是并不考究，但也需要充分的解释说明。京都有一处名叫虎石町，那里的虎石传说与大矶的没有半点关联，虽然两则故事里的虎石都是因其形状而得名，但石头本身的历史却截然不同，尤其有趣的是，一向宗①和法华宗②都在争当这块石头的起源。本愿寺③一方则将这块石头的所在地视为亲鸾上人弥留辞世的地方。或许是因为这个原因，东山大谷④上人的庙所的地位更高（《山城名迹巡行志》第二卷）。这块石头原来所在的寺院因上人舍弟

① 佛教宗派之一，是净土宗的一个分支，认为多念阿弥陀佛到一心不乱死后就会上西方极乐世界。——译者注

② 佛教宗派之一，又称天台宗，其教义主要依据《妙法莲华经》。——译者注

③ 本愿寺是日本佛教净土真宗本院寺派的本山，净土真宗的创立者是亲鸾上人。——译者注

④ 亲鸾圣人死后，其女儿觉信尼于文永九年在东山大谷建了一座庙堂，龟山天皇赐名为“本愿寺”。院中藏有亲鸾圣人的骨灰及其画像。——译者注

深有僧都[1]曾居住其中而被称为虎石町角之坊善法院（《都花月名所》）。据说今天位于同一町的法泉寺也保留着它的遗迹（《京町鉴》等）。尽管相传丰臣秀吉营建聚乐造营的时候，曾将其放在假山上，之后又将其带到了伏见城，然而至今，法泉寺院落中仍安放着一块虎石（《京都坊目志》上卷）。伏见城陷落后，关于石头的去向有两种说法。一是说虎石被送往狼谷日莲宗某寺保管（《京雀》第二卷），二是说它被送到不远的南深草宝塔寺《山州名迹志》第十二卷。至于门徒们则一贯主张说石头已经从宝塔寺转移到了大谷。在亲鸾庙所复兴之后的宝永六年五月二十八日，石头被送往此处（《坊目志所抄》《和汉合运指掌图》），然而一个不可忽视的巧合是，这个五月二十八日，也正是众所周知虎女飞泪送别曾我兄弟，前去讨伐仇雠的日子。此外奇妙的是宝塔寺属于日莲宗，并且日莲上人盘坐在这块石头上讲经说法的古传说早已是耳熟能详（《雍州府志》第八卷）。有人认为，折中一下，移往伏见的即为同在虎石町的柳马场押小路下行的虎石，之后被送到了狼谷，宝塔寺的则是原在柳马场二条下行，后来不知什么时候来到了寺里（《名所都鸟》第四卷），但实际上，所谓“狼谷旁边某一日莲寺”，据说就是这里所说的宝塔寺。那么，这块形似猛虎的灵石为什么会如此引人注目呢？在建仁寺内也有一块虎石，据说这块石头曾化为鬼怪唤人姓名。不过它需要借助虎鉴和尚的法力才能作怪，又名“妙德石”（《山州名迹志》第四卷），所以它这块“虎石”略微有些离题。

① 僧纲之一，位于僧正之下，律师之上，统辖僧尼。明治之后各宗派的僧阶之一。——译者注

我出于对民间佛教两大派别的尊敬之情，决定暂且按住京都的虎石不表，接下来主要探讨一下大矶系列虎子石的由来。其中，首当其冲的便是骏州富士山下的虎御前神社。我曾追寻虎女祐成的足迹来到当地。据说因为从墓地里飘出了发光物体，所以虎祠又被称为“玉渡神社”，当地号称还有“失意桥”和“念力水”（又名“首洗水”）等古迹（《漫游人国记》）。接下来是在岩代信夫郡冈山村大字山口的文字摺观音，据说用麦草触碰这尊石像的面部，石头上便会浮现出自己心中所想之人的容貌。大矶之虎特意远道而来，但长者觉得石头占据许多麦田，荒废着十分可惜，便将石头沉入了山麓的池塘里，以至于虎女心灰意冷而离去（《福岛县名所旧迹抄》）。由此可见，虎女与各地传说中追随丈夫的美人一样，例如白拍子静御前和余五将军维茂之妻，又如戏剧《安达原》的袖萩、《朝颜日记》的朝颜、《日高川》的清姬以及《八犬传》的雏衣等等，都是最终胸中空余失意惆怅的可悲女子。这应当与接下来我们要谈到的望夫石一类传说有着一定的联系，是一个值得我们认真思索的问题。

四

在各地灵山的山麓地带，都有着行脚比丘尼云游列国时化作石头留下的遗迹以及相关传说。有关的事例不胜枚举，而且被称为“姥石”的石头的来历也大抵同属一类。不过将这一类传说与大矶虎子石划归在一起，对那些热衷于常规传说的人而言，或许有些不太容易接受。第一，虎女虽然是倾城倾国的美女，姥石传说中的却是老妪。再有，虎女最后成为得解脱的佛门信女，而姥石则大多是执迷不悟的产物。如若将这二者混为一谈，只怕许多诗人的咏叹之作都要付诸流水了。我也并非这般刻意不解风情，如有疏漏当及时更正。眼下，关于姥石我有一些发现：其一，这一类石头经常被用作界石，似乎它们曾经是为了某种修行而专门挑选出来的；其二，石头有着相同的名字，并且这一名字似乎还另有深意；其三则是女人化石。总之就是以此来探究巫女与石头的联系。理由就列举这些，下面就让我们比较比较各地的化石谈吧。

奥州津轻岩木山中有一块姥石，据说是安寿姬的乳母变化而成（《津轻指南》）。传说的大略是，在安寿进入此山中成神时，其乳母一路追随而来却没能见到她，之后便化作了一块石头。早在将“姥”解读为“乳母”之前，就有人将其解读为“老妇”，但由于日语词汇太过粗糙，时间地点的不同经常会造成一词多义的情况，因而不时能见到传说本身发生一些出人意料的变形。关于越中立山的姥石，《和汉三才图会》第六十八章做了如下记载。

从前在若狭国小滨有一位老尼，名叫止宇吕，带着一个身强力壮的妇女和一名少女，三人结伴攀登立山，就在她们闯入女人禁地的时候，突然头上生角身化岩石。因而后人将那里称为“姥怀”，将那块石头称为“姥石”。

只有那座山的姥石传说中才出现了“姥角”。开始的时候我以为，大概是曾传说神社里的某人头上生角，在真正的传说失传之后，这个角就凭空延续到了这个老妇的头上。但在之后的登山纪行中，我当真瞻仰了立山宝物若狭老尼的角（《肯构泉达录》第十四卷引宽政十年立山纪行）。如今，更难断言说这一点是虚构的了。上文中有三个问题希望大家能够予以关注。第一是老尼是若狭小滨人氏，所以毋庸置疑，这位老妇就是八百比丘尼（又名白比丘尼），至今仍流传着永正年间“若狭名号白比丘尼的八百岁老尼”攀登此山的故事（《大日本老树名木志》）。同样，八百比丘尼的故事在《和汉三才图会》中也能找到相关记载。老尼因食用人鱼而获得了稀世罕见的长寿，而容貌则始终有如芳龄二八的少妇。这个故事与和泉式部、大矶虎的传说一样遍布全国。但在其他地方的流传中却从未听到过“止宇吕姥”这个名字。第二，要关注在她登山的时候随行的两个年轻女子。据《三才图会》记载，这两名同行者所变化而成的是级别远逊于姥石的树木——“美女杉”。《老树名木志》记载，白比丘尼的堂妹加牟吕比丘尼在立山的山毛榉平这个地方化身成为一株“加牟吕杉”。也有说法称加牟吕罹病身死，就埋葬于此处，其陵墓前面栽种的标识树便是这株杉树。加牟吕即为那位同行少女，所以美女杉和加牟吕杉应是同一棵树的两种说法。不过，依旧很难想象会有人把“姥”与青春永驻的花季少女联系在一起，尤其是她们还分别化为了杉树和石头。因此后来的人们难免会增加传说中随行者的人数而使其更符合逻辑。第三点是最为诡异的一点。从美女杉所在地千手堂再向山上走不远，有一个地方名叫“断罪坡”，据说当时她们一行三人走到这个山坡附近时，那个少女心里害怕，不敢再向前走了。恰逢止宇吕尼当时正在小便，看到少女战战兢兢的样子很不满，当下大声呵斥她。于是这一遗址便得名“叱尿”。如今沿着所谓的当年尿痕挖洞，不知其深几许（《和汉三才图会》）。在山间流传的有关“大人”或“山姥”[①]的传说中极少能遇到类似的情况，而最让我觉得匪夷所思的还是，纵然是如此极端的传说，只要细心观察，在其他的神山中居然也能找到类似的事例。

五

无论是从信仰来说还是从渊源来说，加贺的白山都是与立山旗鼓相当的名山。不仅是在泰澄大师[②]上争得面红耳赤，白山婆坂的“婆石”[③]也宣称自己是立山的那位止宇吕临终所化。当然，在传说的细节方面还是有许多不同之处的。比方说尼姑的名字在白山就变成了“融婆”，生于地处山麓地区的能美郡屋口村大字濑户。削发为尼后名号为“融尼”。她挟鬼道以惑众，又常以巫祝咒语驱除鬼祟，无一不曾灵验。这个比丘尼还开设酒肆，制造佳酿，聘用美女作为日常招待，行旅客人多来此饮酒。三年之后，她已是盆满钵盈富甲一方，其酿酒规模日益扩大，酒糟堆积如山，后来化为一座山丘，即是如今越前的“糠冢”，据说也就是

① 均为日本传说中的妖怪。——译者注

② 日本奈良时期行者，相传闭关于加贺国（今石川县）白山，感得妙理大菩萨，为白山开山之祖。——译者注

③ 与“姥石”的发音同样，片假名都是“ウバイシ”。——译者注

各国流传的关于大富翁的故事里面常见到的糠冢。根据这个传说，融婆之所以强行冲破了白山的女人结界，是为了把酒卖给来山上参拜的各地游人。可见，两则故事中老妪的动机完全不同，但至少在这座山上，故事中的美女同伴们都化作了今天美女坂的美女石，尼姑自己也变成了婆坂的婆石。以上始末最早见于古书《泰澄记》，之后《白山游览图记》的作者又用汉文对其进行了润色修改。因原书已经失传，所以很难再从细节上进行推敲，不过至少从上文所述来看，其与立山有着诸多的共同点。不仅如此，就连离奇的“叱尿”也没有漏掉。只是在白山的相关记载中，其位于美女化石地点下方不远处，并且痕迹由一深一浅两道沟壑构成，沟壑中灌木丛生。在《寂乘记》这部书中，将沟渠名字写作“柴刈垦”。天正年间的地图将其记作“柴刈堑”。元禄年间的地图上则是“呵责溺”[①]。相传融婆登山那天，山神震怒，刹那间天昏地暗，半空中传来阵阵训斥之声。然而尼姑泰然自若，就地小便羞辱山神。于是，她面前的山路顿时陷落数十丈，形成了今天我们看到的大呵责溺。据说之后尼姑沉着冷静地飞越了沟壑继续前进。小呵责溺名称的由来没有记载，总之与立山不同，在白山上，高声训斥的是山神，解手方便的是比丘尼，这就使得蕴含在名胜古迹中的意味变得扑朔迷离。同时，这里的地形地貌所采用的这些称呼，在我们看过了两个巧合的类例之后，也显得更为妙趣横生了。

---

① 片假名写作“シカリバリ”，与日语中的“叱尿”“柴刈墾”和“柴刈堑”的发音相同。——译者注

六

关于“叱尿”这一古怪的故事，还发生在越前丹生郡的越知山，可惜相关记录却不是很详细。不过，这座山也同样是著名的泰澄大师神迹所在地。起码打破了结界的僧尼传说广为流传。根据井上建重君的记述，这位尼姑曾大声叱骂阻拦她的看守，她一边嚷着“我也是佛的守护者”一边硬往里闯，结果被山上掉落的巨石砸死。山谷也由此得名“尼谷”，那块巨石也被人们称作“夜泣石”。据说如今每到夜半时分，仍能够听到石头抽抽搭搭的哭泣声（《乡土研究》第一卷第六号），大概这也可以算是一个“姥化石”的传说。再看看其他地区类似的例子吧。佐渡的金北山大权现，当地将其奉为将军地藏，别当寺为真言宗真光寺，位于该国第一高山，同样是禁止女人进入。然而，据说从前有一个巫女，她说因为自己是神职人员，理当自由通行，于是强行登山，却不承想电闪雷鸣风雨大作，这个巫女自此下落不明。后来人们在山路上发现了一块陌生的大石头，石头的形状酷似一盘着头发的女子，因而命名为“巫女岩”[①]，这一叫法一直延续到今天（《佐渡土产》上）。像这样声称只有自己可以在山上畅行无阻，并且主人公是巫女而非尼姑的故事，除了越知山的之外还有两三个。例如出羽的月山山路，即从小月山前往峰顶

① 片假名写作“ミコイワ”。——译者注

的半路，就有一块“巫女石”。一说是开山的蜂子皇子加持魔障时留下来的，其上所刻文字是“皇子[①]石”。又有一说是中古时期的一位巫女想要打破结界，但行至此处，腿脚麻痹不复前行，遂立地成石（《三山小志》）。羽后赤神山东北方向有一名山，其山路有“潮至[②]杉”和“犬子石”。传说曾有一巫女带着一条狗，在向严禁女性前往的峰顶进发时，分别化作了树木和石头（《真澄游览记》）。“潮至杉”中的“潮至”是东北地区巫女称谓之一的“潮来[③]”的变形。这些巫女也被称为“守子”，所以在一些传说中，石头也被叫作“守子石”。在羽后平鹿郡保吕羽山顶上，供奉着神灵并禁止女人入内，山中有一守子石。据担任神职的大友氏记载，古时候有一个保姆，违背了禁令强行登山，当即遭到了天谴变作了石头（《雪之出羽路》第四卷）。日光山的中禅寺有一个地方名叫“不动坂”，也有一块“守子石”，据说得名的原因相同。这座寺院所在的山峦明令禁止女人进入，相传，日光山地区的这位保姆想要进山参拜神灵，却在到达目的地之后一夜之间变成了石头（《日本鹿子》第九卷）。后世文献将这块石头称为“巫石”。此外还有一块“牛石”，情况与羽后赤神山的犬子石类似。在这个传说中，巫女明知“女人免进”的规定，仍侥幸地认为自己是侍奉神灵的特殊人，心想自己又不是寻常女人，而且骑着牛去又不会弄脏土地。于是她便骑着一头牛来到了禅镜十方谷，可是牛到了那里却两股战战不敢前进，片刻间就石化了。巫女

① 片假名写作“ミコ”。——译者注
② 片假名写作“イタク”。——译者注
③ 片假名写作“イタコ”。——译者注

满腔怨恨指天画地，却不料就在此时她自己也变成了一块石头（《诸国里人谈》第二卷）。这个故事隐约能够看出越中立山叱尿传说的影子。武藏秩父二神山的一段山路，也就是秩父郡二神村的薄之富士见坡下方，那里有一块石碑，碑上没有文字，人称“一位[①]碑”。同样讲的是巫女硬闯一座被视为女人禁地的山峰，然后在那里化为一块石头。据说，“一位”这个词之中的“一”就是指“巫[②]”（《新编武藏风土记稿》）。现在隶属入间郡[③]南高丽村的上直竹村的一座名叫富士山的小山边上，有一座劝请而来的浅间神社，山峰的中段叫作“姬岳”，从这里开始禁止女人再向上走。我觉得故事中提到的富士信仰是不会这么早就在关东平原传播开的，但我没想到的是，这样一座山上竟然也流传着老妪登山化石的传说（《新编武藏风土记稿》）。

七

我们在前文中浏览了一些有关姥石的传说，想必读者朋友们应当都非常关心存在于各地灵山中的“禁地”的真实含义。假如这个规定果真就像它字面所示，是一种针对女性的禁忌，且表达的主旨是歧视妇女的话，那么其实没必要特意在半山腰划一道线，也不可能留下前文那么多

① 片假名写作“イチイ”。——译者注
② 汉字可表记为“巫”。——译者注
③ 旧武藏国的一郡，位于现在的埼玉县境内。——译者注

违反者化石的传说。换句话说，禁止女人和我们常常见到的“女人堂”[①]一样，其实表达的是对女人的欢迎。或许对广大普通女性来说，这种禁忌反倒不会令其特别痛苦烦恼。而且不仅是女人，对于像病人、孩子等体力不足以登上山顶的人来说，现在有了像这样可以在半道祭拜神灵的方式，他们何乐而不为呢。所以，不管是在立山还是白山，在姥化石下方都有所谓“伏拜”的场地，和泉式部在熊野咏歌之所据说也是伏拜地之一，而之所以叫这个名字，或许是在最初就已经预先考虑到会有一些行动不便的参拜者。如果阴暗一点来想，在高山中途设置禁地，事实上是会引诱那些本想放弃参拜的柔弱女人们的一个手段。而界线内侧频繁出现的女性化石，也许就是破戒者必化石这一民间迷信的前身。秋田的真崎氏曾说过，不洁净的女人只要在男鹿神山的九十九级石阶走上三阶，那么她顷刻间就会化为石头（《乡土研究》第一卷第三号）。这一传说便是证据。但仅凭这些解释仍不足以说明，那里现如今仍保留着很久之后由女人化身而成的石头的问题。为什么在很多禁止女人入内的地方的附近会有引人注目的岩石？是出于某种目的专门选定这种路边有石头的地方而作为女性的禁地吗？很难说这些都是巧合。要想解答这些疑问，首先我们要关注的是，那些进入禁地遭受惩罚的妇人为什么仅限于比丘尼和巫女。其次，要注意那些神山入口处有这一类石头却没有上述化石传说的例子。例如，信州户隐山鸟居川河畔，寺院中院旁边就有一块女人结界比丘尼石（《信浓佐佐社石》第十四卷）。据说在这尊户隐权现

① 建立在禁止女性进入的区域之外，鼓励女性在此诵经念佛的祠堂。——译者注

身的冠著山山口，更级郡的羽尾村也有一块约四尺见方的比丘尼石，由此开始禁止女人向前。今天当地仍有忌讳称，婚礼时从石头旁边经过，新人便会劳燕分飞，因而人们都尽可能地回避它（《乡土研究》第三卷第二号）。据说在鼎鼎大名的《更记日记》中的姨舍山[①]其实就是这里的冠著山，这一观点佐藤六石在他的《姨舍山考》中进行了详细的论述。在今天俗称姨舍的地方恰好是一处停车场，居高临下望去，一块巨大的姥石矗立在月见堂前。据《善光寺道名所图会》等书中引用的历史记载，木花开耶媛的姨妈——御前大山姬被侄女送到此山，坐在这块石头上凝望凉凉秋月时，不知不觉升入月宫。虽说这个传说和侄石甥石月见田等遗迹，都是近代一些人编造出来的，但所谓老妇遭到遗弃的传说在当地确实是人尽皆知（《越游行囊抄》第六卷下卷），并且由来已久（《昆阳漫录》引《榻鹬随笔》）。尽管在《大和物语》之后，姨舍山的“姨”才被解读为“伯母”，但也许在这个地名的根源里，始终蕴涵着比丘尼石系列的思想内容。

① 日本山名，在长野县长野市与松本市之间。传说旧时村落因贫困而形成一种弃老的陋习，将家中过了七十岁的老人丢弃于此。——译者注

八

姥与石的关系可谓是无法言尽。不只是在供奉神灵的崇山峻岭，还有许多界石也叫作“姥石”，而且山中那些无言地述说着“女人禁地”的古老的石头，也未必都是由人们变化而成。大部分的石头都很平庸，形状也没有什么特色，所以把它们当作人类的化身未免有些牵强。旧仙台领中有不少姥石，其中一块位于气仙郡上有住村五叶山。据说时曾有一个老妇人违反了登山的禁令，最后被这块石头砸死了（《封内风土记》）。江州伊吹村的寺岳据说是役小角、行基菩萨等修行的地方，登山入口的上野乡供奉着女一权现，但从山路十分之六处的大平向上，仍然严禁一切女性前往。曾有一个比丘尼无视禁令，擅自向前攀登了十分之一的路程，突然地动山摇，片刻间她便葬身于此。据说比丘尼在临死前痛苦难耐，用手拼命抓挠身边的岩石，在石头上留下了五个指印，因而得名“手挂石”（《近江舆地表略》第八十一卷），至今仍能够很清晰地看到。指痕即所说的手印，这在高僧硕德遗址也常有耳闻。在“女人禁制”发祥地的纪州高野山，也有一个类似的传说。这个传说的主人公是弘法大师的母亲。这块石头位于第五十四块町石旁边，名为“捻石”，直立且形状扭曲。据说是大师之母对不得越界的禁令愤恨难平，特意留下印记以示后世妇人。从这里向上便是传说弘法大师推上去的巨石。石头上有他的手印，他的足迹则留在了不动坂上。当地也流传着大师母子二人相互问答的故事（《纪伊续风土记》第五辑《高野山部下》）。在统筹上述传说之后，我想，灵山山路上的界石与信奉神山的比丘尼的修行应该是紧密相关的。因此，往来修道的人们才会常以此为根据为石头命名。然而，在这一习惯绝迹之后，关于石头的解释就变得如此阴森可怖而且不尽如人意。在前文曾引述过的《和汉三才图会》的立山一例中，美女杉和姥石中间还有一片名叫“材木坂”的土地，据说是曾经有人捐赠了大量木材，想在这里修建一座女人堂，但意外的是一夜之间所有的木材都变成了石头。看来，这个故事与上文也都是一脉相承的。

九

让我们再回到虎子石的由来。越中立山化石的止宇吕尼，加贺白山留下遗迹的融婆，或许都与巡游诸国散播石头传说的虎御前有着千丝万缕的联系。因而时至今日，语义仍然不明的“虎”“虎子”等词，也许就是在这类石头旁边修行的巫女的名字。据说在近江浅井郡虎姬山，有一个与相州大矶毫无关系却同名同姓的美女。这位美女嫁给了山脚下村子里的“细流长者”，相传后来她化作一条大蛇潜入了湖底（《漫游人国记》）。乍一看潜入水中的女神与登山的尼姑并无太大联系，但在这座比叡山上勒令女性禁止入内的花摘社中，流传着与高野传说相似的故事，而且该社大祭之日恰好是与水神联系紧密的农历四月八日（《舆地志略》第二十二卷）。此外，很多地方也都有在这一天登山的风俗，显然，这里的“虎姬”来自于同一版本的“虎”传说。

巫女强行进入山中禁地的故事出现之早要远超过人们的想象，还是在比叡山上，前唐院到中堂的路西有一座圣女冢。《舆地志略》第二十四卷曾引用《山家要略记》“法胜房传云，延长四年五月十六日夜，一艳丽花饰车自戒檀院凌空而下，停于大讲堂前庭，未见驭手而车行如飞。车内有一贵妇人，容貌俊美仪态端庄，问之曰，此山自大师结界以来严禁妇人入内，缘何轻而易举登临此山。贵妇人答曰，吾乃妇人不假，然吾非凡女，圣女是也。”这段话尽管看上去毫无重点，但绝非是空穴来风。《元亨释书》中也记载过一个近似的传说，我想就以此作结。其原文是这样的：

“都蓝尼[①]乃和州人世，精通佛法兼修仙术，居于吉野山麓。世人皆称金峰山乃黄金宝地，由金刚藏王菩萨守护，不容妇人涉足其境。蓝语之云，吾虽为妇人，然净戒灵感，岂是凡妇可比。遂登金峰。俄顷雷电交加天地昏晦，蓝尼失其路，亦失其所持之杖。后其杖生根，渐成参天大树。蓝以咒术驭龙登山，几近泉源却不可前行。蓝盛怒践踏山岳，尽皆崩裂。饲龙之池亦在岩下，两迹尚存。相传其觅得长生之道，后不知所终。”

如果不算化石和叱尿两部分，那么这个传说则与立、白两山有着诸多不谋而合之处，况且这个尼姑的名字“都蓝”，也和“虎”的日语发音相似。反观大矶虎女，如果她从九州尽头流浪到奥州信夫，这期间所

① 都蓝尼片假名写作“トランニ”。——译者注

有的传说都是因她一人而起的话，其实也很难令人信服。或许，“虎”“虎子”“都蓝”这些并非是专有名词，而是古日语中形容游走在佛道两家中间的巫女的词汇。将众古神名中的“带”字读作“多罗斯”[①]的做法在一定程度上支持了这一推测。曾我十郎祐成之妻名为“虎”且是大矶之女的记载见于《吾妻镜》中“建久四年六月一日”，也就是曾我兄弟在裾野讨伐仇敌后的第四天的章节里，所以这未必只是传说这么简单。因此，在进一步研究“虎”这一古语性质的同时，务必要追问号称是大矶一方长老之女的游女，为什么会取“虎”这个古怪至极的名字。

（《乡土研究》大正五年八月、九月刊）

① 原文写作“タラシ”。——译者注

念佛水的由来

起源

江户的著名传说故事中有个山姥物语，讲述一位旅人被石枕杀死的事，直到现在人们都深信确有其事。的确，如果为了证明观音的恩惠灵验的话也用不着编造这样的谎言。而且现在还留有很多能证明此事的痕迹。再怎么富有想象力的作者，也无法单凭一个人的力量做这些大规模的准备。不过如果是真实的话，现在问事情是发生在什么时间，恐怕没有一个人能肯定地回答。现在我们听到的众多故事版本通常存在一些差异，这点只要多问几个人就不难发现。可能会有人说事情应该与古书中记载的相同，但实际上德川初期的《江户名所记》与再往前一百六七十年所著的《回国杂记》相比，故事内容有一半都是不同的。比如《回国杂记》写的是一对夫妇让自己的女儿乔装成游妓引诱旅行的男子，而《江户名所记》中则只有父母中的一方和一个独生女，而且那女儿是家里小心养育的，看起来很像近世为永流派小说中的鬼婆。观世音化作美少年让女儿陷入爱河，这在古老的故事中是很少出现的，还有说这位旅人是第一千个人这点也是新加进去的。在大阪之乱后的和平年代间关于各种寺院由来的叙述都得到了很大的改编，兼具了实质性和外在性，而我们之所以会认为《回国杂记》并没有特别忠于事实，是因为它不过是顺便记录传闻的书罢了。恐怕当地发生过的众多含糊不清的石枕故事和可怕的山姥故事中，流传到今天的不过一二。诸如旅人傍晚投宿在有鬼的家中，结果在危难之中不可思议地得救了的故事是千年来极其普通的传说故事，不过其形式在各个时代都发生了相应的微妙变化，要研究起来恐怕可以写一本书了。就连石枕杀人的奇怪手段也决不仅有武州浅草那一种，比如尾州石枕村（丹羽郡鼓知野町的大字）的稻荷神祭祀的就是曾以同样的方法杀死很多旅人的恶婆的灵魂，虽然恶婆已经因为恶报被杀死，但因为她会施加报应，所以还是被当作神祭祀了起来。在播州姬路东面的平野村，据说有一位富豪就是用杀死旅人获得的血来浸染衣物而发家致富的，在这个村子里也流传着有一位姑娘将石枕的恐怖编成了小曲来唱，从而帮助那些旅人的故事。在浅草则是观世音化身为割草的儿童，吹着笛子唱着“宁可睡荒野，也勿去投宿”之类的歌谣，警告那些处于危险之中的人们。然而并没有证据证明这两种现象是谁模仿谁的。那么这类故事是如何在各地流传下来的呢？诸如石枕杀死旅人这样的故事应该不会是无稽之谈。暂且不论到底是否存在这样的事实，至少过去的人们相信有作恶的山姥存在于他们身边的原因应该是可以找得到的，只是在江户浅草这样人流量很大的地方，要从人们口中问出过去的事情想必不太可能。据我所知，一个线索就是据说山姥曾在一户人家现出过本来面目，变成了一条十丈余长的恶龙飞进了池子里，直到近世这个池子都还在明王院的庭院内，被称为“妪渊”。后来池子被填埋，在上面建了房子，不过从隐约可见的一些线索我们还是能窥视到这些故事的起源以及赏玩这些故事并流传给我们的古人的心态。

能感知念佛声的池子

浅草寺的妪渊也被称为“姥池”，旧址在浅草区马道町六丁目三番地。明治二十四年六月，在市参事会的指挥下，这个原来只留下形状的池子被填埋了，同时以区长的名义建了一个石雕。伟大的历史就这样草草终结。不过即使池子被掩埋，现在仍有无形的东西在涌动发光。很多地方都曾存在过这种姥井或姥池，当地的人们即使说不出其起源，也不会没有理由地随便赋以这样的名字。在承认山姥相关的事情确实存在的基础上，再把现在书上或人们口口相传的故事加以比较，就能发现这些几乎都是沿着同一条信仰的痕迹走过来的。

我要从稍微偏离此事的地方开始说起。在京都西南部的乙训郡友冈村有个叫作念佛池的池子。不知道现在怎么样了，当时村民太右卫门家的后面平常没有水，不过一站在岸边念佛，就会涌出水来，念佛池便因此而得名。虽说念佛是善事，但再怎么样也不应该会拥有召唤出地下水的力量吧，不过在其他地方也有很多相信此类事情的人。丰后玖珠郡的中部有一个叫千町无田的高原，据说很久以前朝日长者曾住在这里，在此地众多的珍贵遗址中有一处叫作念佛水的池子，位于音无川附近，传说只要站在这池边念阿弥陀佛，池子里的水就会“咕嘟咕嘟”地冒起气泡来，因此叫作念佛水。西国三十三所中最后一处观音堂所在的美浓的谷汲与坂下之间，也有一处念佛池，池上面架着一座小桥，站在桥上念阿弥陀佛，水面会冒出气泡，不仅如此，如果念得缓气泡就少而小，如果念得急气泡就多而大，不过由于不知道现在这个池子是在哪个村子里，也没法去一探究竟。还有传言说那座小桥是高仓宫下令建的，或者说在桥边有座石塔，只有对着这石塔念佛池水才会冒泡。上总八重原的念佛池也一样，一有念佛的声音就会从池底冒出漂亮的砂石，也是水涌的现象。

现在想来这些传言会不会是有人对这种事情坚信不疑，相信灵泉是有灵魂的，而后又将其严密地改编于是流传下来的呢？现在在关东的乡村也有一些不知名的古池，一有人靠近就会溅起水花。这类池子在九州多被称为无田，在东部地方被称为福家或谷地，都是植物腐烂后形成的洼地。我还是学生时，从水户去往常陆的太田的途中曾有和蔼的土地商人告诉我，这附近的泉木之森是百人一首中“瓶原泉水碧悠悠”一句的故址所在。森林中有一个不断涌出清水的池子，据说人一站到岸边，池水就会冒出美丽的水泡，十分不可思议。像这类池子无须念佛也会冒出水泡。甲州富士见村的佐久神社也有一片清水，叫作七釜之御手洗或称御釜，无论怎么干旱这片清水都不会枯竭。一有人经过也会出现泉水翻涌，细沙浮起的奇观。

丰后海上的姬岛村有个比卖语会神，近世也称为赤水明神，从其神社的岩石下涌出来的水总是带红锈色。与此相关有一个铁浆附石的传说，说是因为曾有一个女人拿着毛笔想给神体木像的牙染上颜色。据说这水中含有大量的碳酸和氧化亚铁，对胃肠病和皮肤病很有效果，现在以此而闻名，不过在过去这水又被称为拍手水，来参拜的人一拍手，水就会涌出来，此处便是以这种奇观而闻名的。有些池子的泉水只在念佛时才会产生奇观，而另一些灵水则是通过其他感应产生奇观，对我们来说这种现象是很难解释的。

后妻之池

还有一些地方的人对这种现象做出了中规中矩的说明。越后三岛郡莲花寺村的入口处有一口称为姨井的古井，只有站在井边大声叫姨母才会从水底冒出水泡来。据说有人对此产生怀疑，就试着叫哥哥或妹妹之类的，结果没有任何反应。传说中这种现象的原因刚好与我想要表达的一致。据说很久以前，在此郡的城主还是松本氏的年代，某个富豪家里的女佣在陪家中的小孩在这一带玩耍时，小孩不小心掉入井中死了，后来女佣也跳进井里死掉了，因此现在才会在叫姨母时发生冒出水泡的奇怪现象。虽说两个可怜的灵魂长久以来不愿离开这里的水的解释也说得通，但人们一叫就会回应到底是出自何因呢，是高兴？还是懊悔？单凭这个例子似乎还无法确认，如果不问一问当地的人就不会知道水中的幽灵到底怀着怎样的心情。

为什么会管家里的女佣叫姨母呢？还是说原本叫的是乳母？当时可能存在一些方言，所以还有必要进行深入的考查。还是在越后，刈羽郡的吉井还有一个这样的故事。村里一个叫曾地岭的地方有一口井称为“阿万井”，人站在井边叫阿万，水面就会泛起小波浪，而叫其他名字则不会有任何反应。传说这是因为过去某位大人沉迷于对小妾的爱，后来把正妻阿万杀掉扔到了水里，不过这样说来，直呼阿万的名字似乎有一点失礼。还有一个有些类似的故事，说的是只要在上州佐波郡上植木的阿满池边叫阿满的名字，就会有清水涌到水面上。只要不停地叫水就会不停地涌。我所看的那本书里没有写这种现象的原因，不过我觉得既然现在人们知道这池子的名字，一定也流传着与越后那处池水相似的原因。不过从人们的传言和这几个词的发音中可以推想这阿满、阿万还有姨母很可能最初是出自同样的心情才造成这种现象的。传说人们站在伊豆热海的间歇泉边高呼清左卫门的名字，就会从石缝中涌出温泉水，还有的资料中记载人们称这为平左卫门温泉，温泉涌出的水量会随着声音的大小而变化。某本纪行中则写道只有在叫“平左卫门真没用”时才会涌出温泉来。而且到了近年人们不再传播这种流言了，平左卫门温泉就变得像普通的温泉一样往外涌了。虽然水无法像长有双耳的人类一样分辨五音，不过会出现这种现象也绝不是什么奇怪的事情。

通过温泉的故事，我似乎有些理解起了被呼唤名字的水中幽灵。通常说到“冒出”“翻涌”总能让人联想到人发怒时可怕的样子。这样说的话，可能要换一种方式解释念佛水了。至少阿万井的阿万应该是因为对人们胡乱地直呼其名而感到愤怒才会吹出那样的气泡的。与热海的温泉水类似，摄津的有马温泉有时也会出现涌水的情况，被人们命名为“后妻温泉”。此地的学者寺岛氏的记录中也将其记作“妬汤”或“后妻汤”。书中写道“此汤对愈刀伤尤为有效，然多人因好奇其名前来体验，立于汤边大骂，则热汤沸腾。”因此人们将其俗称为后妻汤。后来还有人说幽灵心情不好或有女人盛装打扮站在旁边时温泉就会狂沸不止。也有人说温泉沸腾只是因为幽灵听到了人的脚步声而回以应答。但这些说法都没有试验过无人在场的情况温泉会怎样。很久以前人们就一直对“后妻”有着一些联想，但究竟为什么我尚不清楚。暂且借用“打后妻”[①]的故事来解释吧。男子娶了两位妻子，前妻肯定会妒忌后妻，越后吉井的阿万应该也是因为妒忌后妻才做出那种举动的。另一方面，我们还要注意到“后妻”的发音与姥池、姥井的“姥”极为相近[②]。骏河国等地的姥池的传说也跟前面的很类似。据说在静冈以东，江尻以西，东海道元追分松林北边的田地中也有一个姥池。往来的人们一在池边喊“老太婆[③]”就会从池底冒出气泡来。如果喊“老太婆真没用啊”气泡就会变得更多更大。不知道是不是因为议论此事的人特别多，有关其原因存在很多种说法。虽然不知道哪个说法是由谁创造的，不过比较一下这些说法就会发现每个时代都有其代表性的偏好，人们会自然而然地迎合最符合偏好的那种说法，而将其他的说法淡忘。可能很久以前的人们觉得只喊“老

① 日本中世至江户时期的习俗，男人娶第二任妻子时，前任妻子会在预先通知后拿着竹刀闯入后妻的家中。——译者注
② “后妻”和“姥”的片假名分别是“ウワナリ”和“ウバ”，有相似之处。——译者注
③ 日语中姥有老太婆的意思。——译者注

太婆”还不足以让幽灵涌出气泡，于是就变成了要骂“老太婆真没用啊”才能使其冒泡。传说文禄二年二月或八月的八日，江尻的龟屋九左卫门的妻子跳入这个池子里死去了。这个女人生前嫉妒心很强，自己无法控制，死后其灵魂还在水中没有散去。这个故事中的嫉妒心引起了年轻旅人的兴趣，于是人们才会恶作剧地叫几声“真没用”之类的。用汉文记录此事的书中写道“只要骂老太婆笨拙就会冒出气泡来”。对又想祈求平安又害怕遭报应的当地人来说这么做是非常失礼的，不过那些路过的人不用负什么责任也就无所谓了，所以也许正是因为发生在人们往来频繁的东海道地区，故事才会发展成这个样子吧。

老太婆真没用

江尻的姥池在当地还被称为姥原，自古就广为人知，不过让我觉得最不可思议的是还有相同的事情发生在骏河国。百年前江户人所做的纪行中记录说有人亲自去骏河国试验过，因此在孰真孰假这个问题上，骏河国姥池的故事成了江尻姥池的公然竞争者。骏河国的姥池位于沼津城下向西一千余米，绳手的松林向北约五十米的地方，那里有一片浮岛式的荒田，还有一座草庵，白天会有皈依佛教的人来这里念经。传说很久以前，一户人家的乳母领着小孩在池边玩耍，小孩把自己的影子当作玩伴，正高兴地蹦蹦跳跳时，乳母没有拉住小孩的手，小孩不小心掉进了水里死掉了。乳母觉得自己已经走投无路了，于是也跳进了水里。主人赶到池边，为失去孩子悔恨不已，就埋怨乳母实在是太没用了，这时忽然从水底传来什么声音，紧接着就冒出了大量的气泡。直到末世的现在，只要人们来到池边说“乳母真没用”，池底就会“咕嘟咕嘟”地向上冒出气泡来回应人们的声音，十分奇怪。人们这样反复地试验可怜之人发出的最后信号，听起来有些毫无怜悯之心，如果这只发生在骏东这个地方的话也就罢了，但对前面提过的江尻的姥池，后来也有人提出“老太婆什么的根本不存在”的观点。不仅如此，再往西越过一个山岭，志太郡的旧田中城内有一口古井，据说也曾有乳母不小心让主人的孩子掉进了井中，后来害怕主人发怒而跳入井中自尽了，不过因为这是一口井所以没有留下喊话出现回应的故事。这种情况不仅发生在这一个地区，远在越后莲花寺村的姨井也流传着一样的故事，我觉得这未必是一种巧合。在寻找了一番后，我发现各个村子里的古井流传着完全相同的故事的情况还有很多，这不得不让人们思考为什么过去的乳母偏偏都犯了这种错误呢？在江户我们听说，当时松平安艺守在赤坂有一间屋邸，旁边有一条小河，在被填平之前被称为儿渊，也流传着小儿掉入渊中，乳母觉得自己对不起主人便投河自尽的故事。可能是因为周围的人们都很同情这位乳母，因此没有出现嘲笑“乳母真没用”之类的现象。

影取山的起源

虽然都说一处遗迹不可能同时存在两个以上的传说，但也不应该立刻就断定其中一个一定是假的。传说与童话之类的不同，听传说的人是抱着相信确有其事的想法来听的。所以不论故事怎么稀奇，只要脱离了时代的思想，让人们无法理解的话，人们就不会去欣赏了。对那些自己无法认同的传说故事，看庙的人、寺里的和尚自不用说，就连当地的老人们、茶亭的主人都会觉得讲起来没什么意思，也很容易忘掉。那些将这些故事写下来的人，或是记得比较牢的人，自然会对孰真孰假产生疑问，不过大多情况下，即便是两个传说中后出现的那个也不会是有人完全虚构出来的，不然就连讲故事的人自己也会无法信服。一般来说当地人讲的故事都会断断续续的，就好比是牙掉了一颗再补上一颗假牙一样，人们用自己的想象填补那些空缺的地方，还会从其他地方传入一部分来填充，于是那些出现过残缺的部分就与一二百年前的故事有所不同了，故事就是在这种不断反复的过程中流传到现在的。那么经过了无数次的时代变迁，到底还有没有始终没有改变过的部分？如果有的话，这部分是从什么时候开始存在的呢？对这些问题的思考才是传说的真正趣味所在。我的宗旨就是通过实例来说明事物，不论是赞成还是反对都希望各位看过这些例子之后再下定论。对于各村古老的名水灵泉，我觉得不能止步于只强调其根源的神秘性，这种故事往往会牵扯到两个年龄差很大的人物，特别是将老婆婆和幼童两个魂灵栓到一起的情况非常多。前人没有想到这种奇怪的组合会让后世的人们加以利用，而且这样的组合给人留下的印象异常深刻，使得人们能记住这个故事并将其不加任何变形地留存下来。再加上情节过于简单，让人很难了解故事的前因后果，于是那些爱惜这个故事的人就为它添上了他们觉得比较合理的补充说明。在江户的和平年代，人们认为最可贵的品德就是对未完之事的忠义。而将这种品德用到传说故事上，就有了现在众多的姥池谈。

传说变迁的一个很好的例子就是野州足利在的水使神社。这个神社原来被称为影取山水使大权现，从名字来看好像是水神，不过现在的神体是一尊七寸大小的女性彩色木像，她身穿十二单衣，一只手拿着勺子，另一只手托着一只碗。据说向神祈祷妇人的病早日康复就会灵验，而且传说神灵会为人们制作描绘腹部的珍贵画像，着实是个复杂的神灵。有人说这尊神像是约一百四十年前的安永七年建成的。中古五十部村的领主余部小太郎的家中有个侍女，她有个七岁的女儿。农忙时节，这位侍女去为田里劳作的人们送午饭，回来的路上听说自己的女儿不小心把主人关在笼子里的鸟放跑了，主人因此责打她，结果女儿死掉了。怀着悲痛和愤恨，这位侍女跳进旁边的深潭里自尽了。那之后她的灵魂就住在这片水里，将勺子和碗浮到水面上引诱经过的人，然后把他们拖入水底杀掉。这片水因此得名为“影取渊”。后来有德才兼备的僧侣超度了她，最终人们把她作为权现神祭祀了起来。影取本来是水里怪物的名字，这种怪物夺走往来人们的影子，被夺走影子的人不久就会死去。可能是这种用碗和勺子引诱人们的情况让人联想到了影取这个名字，不过这里还有另外一种不同的说法，也是说女神的前身是余部家的下人，不过她投河自尽的原因有所不同。一次她带着主人的儿子在水边玩耍，结果一转眼就不见了小孩的踪影，再一看水面的倒影中映着岸边松树的树梢上有一只大鸠正死咬着男孩的身体，她悲痛至极，纵身跳入水中死掉了。后来也是为了避免被她诅咒，人们将其祭祀了起来。这个说法应该与“老太婆真没用”的故事属于同一类型。

对之前所讲的两种由来，很难判断其出现的先后顺序。可能善于总结的读者会说，世间一般的情况应该是从单纯的奉献忠节发展到番町皿屋敷[①]那种反抗的态度，因此那个被鸠吃掉的说法应该产生于安永七年之前。但如果考虑一下，为什么会带着食器，为什么去给田里工作的人送午饭，还有神的名字由影取变成了现在的水使，是什么契机促使了这种信仰的变化，就会发现反倒是安永七年这个略带戏剧性的由来中融入了很多古时的元素。古时候乡下就有这样的习惯，祭祀田神时，要让那些负责烧午饭的女仆盛装打扮，将她们作为神主，祈祷丰收。一方面至今仍有受到田神保护的土地，而另一方面，从一个叫嫁田的传说中我们还可以找到第二个故事的痕迹；一方面大人和孩子一同去世的事情经常发生，而另一方面鸠叼走小孩的故事也是自古就存在的。综上所述，前面讲的两个故事产生的年代都非常久远，并且都不是完全保留了最初的形态。

① 日本一个有名的鬼怪故事，各地有很多版本，情节大同小异，都是说一个叫阿菊的女佣人不小心打破了主人家的传家之宝——十个一套的盘子里的其中一个（一说是主人故意藏起来的），然后投井自尽（一说是被主人吊打至死扔进井里的）。自那以后，井底每晚都会传出阿菊“一个……两个……三个”悲悲切切数盘子的声音，数到第九个就开始哭泣，然后再从头数起。——译者注

姥火与勘五郎火

时代让一切都变得多彩。就连一个水边的一老一幼二人也不例外。在姨井、姥池以及“没用的老太婆”之前的战国末期至元禄时代之间，也就是我们所谓的战争故事时代，人们就对国家衰落时的幼主和他们的乳母进行了一番想象。父亲英勇战死，美丽的母亲自尽，侍女抱着还不谙世事幼主混入平民之中，或者是母亲自己带着孩子，就像平六代[1]和常盘御前[2]一样，流落到陌生的村子里，又或是公主只身一人逃到过去家臣的家中，这类故事多得数也数不清，但我们很难判断其中有几成是真实发生过的历史。那些关于长门国坛之浦合战结局等的故事，恐怕平家物语中那些盲人讲述的更接近于史实。不过各地的山村里还藏有很多古老的传说，而在筑后的川口这个看似毫无佛缘的地方，就有两位尼姑祭祀着一位尊灵，人们对现在祭祀在东京天水宫的神灵的信仰则是后来才产生的，从这些例子来看，故事终究还是会向着社会预想的方向发展。我觉得近世众多城池陨落的悲壮历史可以分为两类。一类是将军在城池陨落后无处可逃，最后含恨自尽的悲壮历史。另一类是将军福大命大，在城池陨落之后再次兴起的可喜故事。从数量上来看两者几乎是对半的。当然也很难说其中哪种是更加古老的故事形式，不过可以说与水有关的

① 平高清。——译者注
② 源义经的生母。——译者注

大多属于第一类故事。比如下总印旛沼臼井城址附近的阿辰神祠堂就是一个著名的例子，这个会在后面详细说明。还有在东京附近，从千住再往前走的西新井宿的路边，据说曾有一个童子经过时从马上跌落死了，那里过去有一株叫儿樱的古树，童子曾将马拴在树旁，还有一个叫驹冢的坟墓。附近刚好有一个姥池，传说一位与童子有血缘关系的老婆婆悲痛欲绝，跳入池中自尽了，人们将祭祀老婆婆的墓称为姥神冢，奇怪的是据说这条路的右手边，与姥神冢相对的地方曾经还有一个叫爷冢的坟墓。

西新井的这个姥池中曾祭祀着辩才天。肥后山鹿的熊入村有一座叫御料人冢的坟冢，埋葬着城池陨落时被乳母抱着逃到这里的公主。它的西边有一座乳母冢，冢的中间有用石块砌的墙壁，很像一座古坟，传说坟里安放着辩才天，半夜会冒出奇怪的火苗。虽说是公主，不过让这么小的孩子当继承人还是有些奇怪，还有一种言论说实际上这是一座御灵冢。中世的人们将像这两个人一样死于非命没能去净土的灵魂称为御灵。大概是因为御灵体内会燃出火来，所以多住于水边，而且它们经常会变成奇怪的火苗到处游走。有时火苗寄托了女人的幽怨，比如河内姥池的姥火、摄津尼渊的尼火等，也有一些火苗的背后还隐藏着老太婆和小儿的传说。比如丹波保津川的姥火，据说每个晚上水面上都会出现一团火球，不停飞动。传说龟山町曾住着一位“贩卖小孩子的老太婆”，她想要别人的孩子，于是将他们骗来，然后再抛弃掉，后来那些被抛弃的孩子们的怨恨和老太婆的苦痛化成了这一团火球。在尾张的木曾川，曾有一位叫勘五郎的少年，在村子之间因争引灌溉用水发生的争斗中被杀害了，他的母亲对此毫不知情，昼夜寻找自己的孩子，疲惫不堪，最后累死了。那之后总能看见一团怪火飞蹿，人们称之为勘五郎火，据说是他的火把变成的，而且此后再没有发生过水患，直到距今一百七十年前的宽延三年，人们从美浓请来一位著名的通灵人召唤灵魂，这才知道是怎么一回事，于是人们在村边建了一座坟墓，将勘五神作为荒神，将他的母亲作为山神祭祀了起来，那之后奇怪的现象便都消失了。如果把这些悲惨的故事比作一部戏剧的话，那一定是部世态剧[①]，而非那种描述重义轻生的女人的传说，不过这些故事应该有一个共通点，就是都有某种单纯如木头纹理般的逻辑，否则用科学是很难解释火的出现的。结论暂且不谈，这里只想先说一点，就是那个传说悲伤而死的老太婆变成神灵并化作一团火的河内姥火的发源地应该就是枚冈神社若宫旁的姥池。

尼子氏

那些运气好的幼主和乳母从敌人的手中逃了出来，后来家族兴旺的喜剧故事，我们习惯称之为尼子流。因为这类故事中要数出云的尼子氏这个家族的传说最为著名。尼子氏是佐佐木京极氏的旁系，老家在近江，其姓氏取自犬上郡的尼子乡，到了某一代家族濒临灭亡，相传祖母尼公一人将幼小的孤儿养大成人，还有一种说法是祖母尼公把尼的一个弟子

① 主要描写当代风俗、人情等的歌舞伎、净琉璃。——译者注

救了出来，于是把这个孩子称为尼子。有的书中因为他是先祖天人的孩子所以也记为天子，还有的书甚至把他与余吾湖羽衣的传说联系了起来。又不是那些相比血缘关系更重视神意的亚洲北部部落，其实没有必要把事情的起源编得如此复杂，所以这应该是祭祀于家中的一位特殊神灵，而且流传下来消息可能并非是原本的情况。在羽前的最上郡丰里村有一处叫尼子楯的房屋遗址。相传尼子义久被毛利打败后，他的遗族逃到这里住了下来。但就连我都能想到这可能是人们搞错了。据说此郡新庄的城主也就是现在的户沢子爵一家以及同族住在及位的高桥一家的第一代都是从京都来到这里的殿上人[①]，是平清盛的继母尼子的孩子，所以他们的本姓应该是平氏。这样看来，很可能二位尼[②]和那个八岁的天子[③]都曾在筑后或其他平家后代隐居的地方过着隐居的生活。不过逃亡的武士和私生子的家族传记是很容易随着时代变迁而发生变化的。一个地方的世家养育出一个尼子，然后又出现一个出云的尼子氏，我觉得这中间应该是出现了误传。而在近江与尼子氏同族的佐佐木氏被织田信长击败后，乳母抱着三岁的孤儿隐居于湖岸边，以制作年糕卖给路过的旅人为生。有一种说法是草津的特产姥饼就起源于此。说起食物，就再讲一个相关的故事，飞騨白川深处尾上乡的深山里，有一条叫甘子谷[④]的小溪，溪中有很多甘子鱼。传说过去平家的武士逃到这里时曾放生过这种河鱼，

① 古时日本官廷中准许上殿的人。——译者注
② 指安德天皇的祖母。——译者注
③ 指安德天皇。——译者注
④ 日语中“甘子”与“尼子”发音相同。——译者注

所以以这种鱼的名字命名了这条小溪，不过叫甘子的溪流在其他地方还有多条，而且逃亡的武士会把鱼放生这件事本身就很奇怪，我觉得可能是平家的遗族编造出尼子的传说，后来故事被传得残缺不全，于是人们就想借助当地的鱼来补充说明。也就是说这与久留米的尼御前神社借助尼子的名字来解说二位尼是一样的。

把对家族兴旺有贡献的女人当作神灵祭祀起来的例子在近一点的地方还有四谷的大宗寺的三途河的婆婆，这个到后面再说。位于横滨冰取沢的宝胜寺也祭祀着一位乳母，据说她养育了间宫氏的幼主。确实间宫氏代代都会举行祭祀，不过过去这座寺里还有饭盛童子的祠堂，这祠堂与乳母有些关系，而且祠堂建在树下，这棵树名为雷松，与贺茂的玉依姬的神话有些相似，这样看来到底这件事究竟是不是史实也没法判断了。跟这个一比较就更能确信出云那个尼子家族的由来是传说了，这时如果去追寻产生这些传说的原因，再想一下近江那个尼子的起源的话，就不免会觉得这些故事就有如很久以前被传奇女子养育成人的孩子一样，超越了年代，悄然间流传了下来。冈山县等地有很多人家都姓尼子，只不过写作天子。在九州的肥后以南，有数不清的大小神社都叫作天子宫。虽然现在流传着很多传说，但从这些传说我们很难追溯到讲述灵姥和灵儿的别雷神话。琉球诸岛的创世纪[①]讲述的故事与过去的日本传说一样，也是神灵降临，于是人类的祖先诞生了，像这种故事还有很多的变形。比如位于铭苅村天久野的天九社神应寺，在足利时代中期，村子

① 纳西族原始神话。——译者注

里有个叫铭苅翁子的人，他经常看到一个女人把法师从山顶接到天久野来，有时还看到那女人从山腹的洞中接上法师将其送到山顶，他觉得这是神灵降临，于是到山洞中祭祀，结果还没有点火，香烛就自己燃了起来。所以后来建起了天九社和寺院。据说那之后他得到了神谕，才知道原来那法师是权现神，女人是辩才天。这个天九的故事与天子那个没什么大的差别，故事只是让人们想象了一下神的婚姻，而避开了对结果的讨论。相反，流传于八丈岛的有关人类起源的故事说的是很久以前发生了一次天变，除了一个怀孕的女人之外，所有人都死光了，女人与生下来的男婴结成了夫妇，成为人类的元祖，女人叫作丹梛婆。从这个故事中完全看不到那种神作为父亲与一个女人生下孩子的日本神话的影子，反而可以从丹梛婆这个名字和故事的内容看到与南洋极乐之岛之间的联系。

咳嗽婆婆

现在再回到骏州江尻姥池的话题上，实际上前面也提到过一点，有关这个姥池的灵魂还有另外一种说法。根据《骏国杂志》的记录，乳母抱着小孩在池边游玩时，孩子突然咳嗽了起来，看起来很难受的样子，乳母就把小孩先放了下来，打算到池里舀一瓢水给他喝，这时小孩咳嗽不止，一不小心掉进了水里死掉了。后来乳母为了赎罪也跳进河里自尽了，不过大概是由于她的念想还留在那里，于是只要对着池水许愿，家中小孩的咳嗽病就能不治而愈。这个故事至少后面三分之一的内容是真实的，如果是假的，当地的人不可能不知道。到了近世时期甚至还出了一本名为《姥池之由来》的小册子，以使旅人更加相信这种传说。不知道这是不是一种自然变迁，最初说的还是乳母把孩子放在一边去舀水，孩子掉到水里是因为乳母的疏忽，还留有“老太婆真没用”的痕迹，可是到了这本书的第一卷就完全抛弃了这种痕迹，写得很是随意。简单说了一件大概是发生在延历年间的事情，在江尻一带有位叫金谷的长者，家中小孩染上了咳嗽病，乳母十分悲伤，来到池岸对着一尊地藏菩萨祈祷，说自己愿意代替孩子去死，说完就跳入水中自尽了。那之后小孩很快就康复了，而且直到现在还流传着要想救患上咳嗽病的小孩就要对着池子祈祷的说法。这种由来故事的构思还是非常巧妙的。

向乳母的灵魂祈祷孩子咳嗽病康复的例子在其他遗址的由来故事中也能找得到。前面提到过的下总臼井的“阿辰神”就是其中之一。阿辰生前是臼井城主臼井家一个极其普通的仆人。正和三年这座城池被志津胤氏攻陷后，阿辰带着臼井的独子竹若丸逃出了城，藏在印旛沼的芦苇地中，这时小孩咳嗽了几声结果被追来的人发现了，最后主仆二人被绑起来杀掉了。村民被她的忠诚赴死感动，在附近的田里建了一座祠堂，现在还立有一块气派的汉文石碑，村里人将其当作咳嗽之神侍奉，受咳嗽病之苦的人会拿着炒麦粉和茶水来这里祈祷。这是因为“阿辰神”是深切感受过患上咳嗽病的痛苦和可怜而去世的人的灵魂。以炒麦粉来供奉的原因还不是很清楚，不过可能是因为人们想祈祷自己快快康复，好早一点能吃到这炒麦粉。上总君津郡俵田村姥神台的姥神是明治以后才改名为子守社的，传说供奉的是与大友天皇一起流落到此地的乳母，不知道为什么，患上咳嗽病的人只要拿甜酒来供奉祈祷就会灵验。弘文天皇微服出行的故事可以说是上总传说中的一个经典例子。从其他类似的例子来推想，原本这个故事应该是出自对中世某个时代降临的神灵的信仰，不过在这里就不脱离主体去讲这个故事了。在甲州中巨摩郡百田村上八田，人们用炒胡麻和茶水供奉所谓的“咳婆”，据说可以预防小孩的感冒。其实这里只是有一块二等的三角石，据说是将死在路上的老婆婆埋葬后作为标识的石头，挖出来就会遭到报应，所以至今人们对这“咳婆”仍怀有一种敬畏之情。不过关于这个“咳婆”似乎没有乳母带着小孩来到这里之类的传说。据说在武藏川越的喜多町广济寺内，也曾有座叫“咳嗽婆婆”的石塔，信者络绎不绝。现在寺里面也有一座石塔，不知道是不是当时那座，不过已经没有人来这里许愿了。

筑地的老婆婆石像

在江户也出现过几个咳嗽婆婆。一户人家里曾用石枕杀死旅人的山姥的幽灵就是其中一例。本所原庭证显寺的小巷里也有一个，是板墙围着的一尊两尺左右的石质坐像，虽说是个老婆婆，不过石像的脸看起来像鬼一样，石灯笼的边沿像斗笠一样戴在老婆婆的头上，脖子以下的雕刻非常粗糙，而且相比之下体积很小，石像身上还披着桃色的布。据说对着这尊石像许愿咳痰的病就会治愈。下面要说的也是百年前相当有名的而被广为议论的，传说有相当长的一段历史的山姥石像，这尊石像过去在筑地的稻叶正胜的屋邸内，现在不知道那个屋邸是在几丁目了，应该是在某座豪华艳丽的房子附近吧。过去人们会请求看门人让他们进去。在江户流传着只要拿着一种叫炒豆的食物，也就是把大豆、米、年糕碎块放在一起炒出来的东西，还有煎茶去参拜并许愿，咳嗽的病症就会不治而愈，因此有很多人不嫌麻烦地拿着这些东西前去参拜。有的书中说这石像是用高二尺五寸的自然石雕成的婆婆形状，不过这种说法可能存在一些错误。还有人说不清楚这个石像的起源，不过我们还是能在一定程度上有所了解。稻叶家的先代还在相州小田原时，城下附近一个叫风祭的山村曾有一个叫风外的人结下草庵，后来他皈依了佛门。这位僧人离去后，人们在草庵中发现了两尊石像，一尊为男一尊为女，均不知为何人。有人说这可能是风外和尚父母的像，不过要说将父母像丢在这里就走了也不太可能，于是留下了一个很大的谜团。据说后来石像被迁到了江户的屋邸内进行了翻新，筑地一带也发生了很大的变动，我原以为咳嗽姥神去向不明了，后来从山中共古翁口中得知，石像就在这本所牛岛的弘福寺里，保存完好。弘福寺是稻叶家的寺院，应该是被稻叶家存放于此的，而且可以看出稻叶家很重视这尊石像，保护得很好。只不过牛岛的这尊石像已经失去了治愈咳嗽病症的功能，现在人们会去祈祷腰以下的病症快快康复，这应该是一种时代特征。供奉的东西也不再是炒豆和茶水，而变成了木屐、草鞋之类的，大概是因为女人的梦想就是拥有这些东西，于是人们拿来让她试穿吧。

关于曾在稻叶屋邸里的石姥，还有一个奇妙的故事。虽然这尊石像从在相州风祭的草庵中开始，一直到现在在牛岛弘福寺中一直都与那尊男像相对而立，不过传说他们夫妇的关系非常不好，两尊佛像并排而立的话，男像无论如何都立不住，于是后来把男像移到了牌位堂的一侧，只把姥神的石像放在稻荷神社前。不过也不是说男神就毫无用处，口中患病的人只要对这尊男像祈祷就能治愈。从脸部形象来看，男像有点可怕，反而是女像很温和，但脾气的火爆程度还是姥神略胜一筹。那些为了治愈咳嗽病而前去许愿的人们会向这对夫妇供奉相同的供品，在对姥神许愿后，再来到男像前，对男像说："刚刚我对婆婆祈祷希望自己的咳嗽病可以治愈，不过那是因为我信不过婆婆，对她说的是谎话，其实我的病是骨折，请您一定让我的病治好啊。"据说这样的话更容易灵验，真是一尊好骗的男像啊。

三途河的婆婆

不过这也很难确定他们之间到底是不是夫妇的关系，很可能他们原本就不是夫妇，也有可能是一直住在一起的兄妹，不过只要是一男一女，过去的人就会认为他们是夫妇，这可能是过去人的一种癖好或是信仰。下面就顺着这个事情再往下说一点，在上州高崎的赤坂町，有一块叫大师石的灵石，那附近有一座姥神的石像，据说是弘法大师的杰作，被称为"正冢婆之石"。传说被咳嗽病困扰的人向这尊石像许愿，作为谢礼供奉上麦子做的炒粉，说话之间咳嗽之症就会不治而愈。"正冢"也写作葬头河、三途河，在和歌中还写作三濑川。据说这条河通往地狱，河中住着一位叫夺衣婆的可怕婆婆。虽说弘法大师没有必要特意雕刻一尊她的石像祭祀在高崎，不过这里有一座念佛堂，可能是那些想通过念佛来避免堕入地狱的人会自然地把这尊石像当作那个夺衣婆吧。越后长冈的新町中还有一个“咳嗽的十王”，据说只要供奉米做的炒粉，咳嗽病就能治愈。十王也就是地狱的裁判官，过去采取的是十个人的合议制，后来被阎魔独占了权势。长冈的十王堂位于一座叫长福寺的古寺内，是一尊十体的木像。不知道有没有三途河的婆婆列坐其旁，不过在东京等地一般婆婆会在阎魔堂中，列坐在大王的北面。阎魔王的旁边除了其他九王外，还有俱生神以及青鬼、赤鬼。婆婆像妻子一样位于阎魔旁边是比较奇怪的，更何况夺衣婆本身应该是有配偶的，日本的十王经中出现过其配偶的名字叫作悬衣翁。但是人言可畏，因为长时间以来人们一说到婆婆就联想到阎魔，所以很容易认为他们共同生活的地方就是稻叶郡。而在伊豆的日金山山顶有两尊石像，百余年以来隔着狭窄的山路相对而立，就好像世间普通的夫妇一样，只有从服饰装扮上才能看出男像是地狱的官吏。想来奇怪的是，三途河的姥神身在地狱，对治愈疾病没什么功效，也不像地藏菩萨一样披着小孩的斗篷。况且其他地方的姥石都有祈愿的能力。可能这姥石来到日本便有了新的任务，被委任为像长冈的十王一样的角色了。也有人认为关于三途河姥神的传说完全是出自我国的，这样说来这位姥神与人们信仰的其他姥神非常相似就能说通了。总之姥神来自地狱的说法并非是偶然的错误，除了京都的清水、尾州的热田、越中立山等的姥堂之外，全国各地还有很多不知名的姥神，也有类似的祈愿能力，这便是证据。比如远州见付大地藏堂的夺衣婆，人们会将小孩的草鞋献给她，以祈祷孩子健康成长，再比如出羽庄内下清水天王寺的“咳嗽姥神”，人们会向她祈祷女人有更多奶水，人们对羽后金泽专光寺的“老婆婆”也有类似的信仰，像这种例子数也数不清。其中要数东京的三途河婆影响最为广泛，不过她的起源比较新，这也使得近世对这类婆婆的信仰变得十分复杂。比如据说浅草奥山的婆婆对口中病症尤其是虫牙的治愈非常灵验，她的神像前常年供奉着数不清的牙签。神像缺了几颗牙，据说就是出现这种信仰的原因，神像手中还拿着竹刷，有人说这神像是慈觉大师的作品。之前还出现过守护孩子成长的信仰，从一百四五十年前的安永时代开始盛行，于是各地都开始模仿，有一阵子东京内外出现了二十多位三途河婆，正月十六日人们纷纷前去参拜。到了嘉永二年，这种信仰过于泛滥，甚至到了要颁布禁止法令的地步。四谷新宿正受院的三途河婆也主要是对口中的病症灵验，人们是从文政年代开始对其进行参拜的。这尊神像与阎魔并排而立，不过关于其由来却出现了一种奇怪的说法，这是因为在这种信仰盛行的很久以前，三途河婆就已经存在于这座寺院里了。据说幕府的医师人见友雪的先祖是这尊木像的主人，先祖在做流浪武士时曾迷路于此山中，误投宿在山贼的家中，危急之时，被一个像是小栗判官[①]的女子救了性命，后来他娶了这个女子作为妻子。人见曾住在四谷河边的高力松下，也就是现在的救

① 传说中的人物，中世以后出现了很多关于此人的故事，据说其原型是小栗城城主小栗满重或其子小栗助重。——译者注

世军士官学校一带，由于某些原因把像放在了菩提寺中。这个故事是史实还是类似于尼子故事的传说，我也不想深究了。我们只知道由于某种契机，她变成了姥神或者夺衣婆，接受人们的参拜。仔细想来，将正月和七月的十六日作为地狱之门打开的日子以及小和尚的休息日，应该不会是地狱的指令。对于很久以前就存在的对姥神的信仰，如果我们不做广泛的调查就很难得知其真正的缘由。

关寺小町

有一种说法是最初向姥灵祈祷咳嗽之病康复的风俗源于对“关之姥”[①]这个名字的误解。关之姥也就是道祖神，三途川的夺衣婆之类的都源自这关之姥。人们对道路岔口的石头做的神体以关之姥的名字相称，久而久之便产生了这种信仰。古时候人们经常用石头将道祖神刻成男女形状，而且各地的道祖神都很喜欢孩子。在广岛等地也有很多向道祖神祈祷治愈咳嗽之病的例子，其原因我们不得而知，不过作为谢礼人们会将马蹄铁献给神灵。大多数村子会在正月十五日举行道祖神的祭祀，与左义长祭（小正月举行的火祭仪式）的风俗有一定关系，而且一般主持这个祭祀的人都是小孩。祭祀翌日是佣人的假日，可以猜到这与祭祀也

① 日语中“咳嗽”与“关”发音相同。——译者注

是有一定关系的。只是还不能确定“咳嗽婆婆”原本的名字一定就是“关之姥”，因为没有办法解释人们还会为了除咳嗽之外的跟儿童有关的病症来祈愿，比如婴儿夜里哭泣、母亲奶水不足。不过在众多儿童疾病中，百日咳是父母最为头疼的疑难病症，也可能是出于这种原因为了咳嗽病来祈愿的人是最多的，但反过来讲，如果以前没有对姥神这种喜爱孩子的神的信仰，只有“咳嗽婆婆”这个名字，想必人们是不会满怀希望来祈愿的吧。而且姥神也未必就是道祖神的妻子。另外像逢坂的百岁堂，虽然也是将姥神祭祀在关口旁边，但与孩子没有任何关系。时代和人民的力量在古代传说的基础上随意且尽兴地发挥，于是产生了诸如治疗骨折一类的改编。早在《江户名所记》的时代，人们就已经对浅草明王院的姥渊等有了祈愿咳嗽治愈的信仰，甚至会将酒装入竹筒中挂在岸边的树枝上许愿，而关于这些传说模糊不清的由来，现存的有关起源的书中是这样总结的，这种做法是希望尽可能让信徒安心，同时让本尊的光芒更加耀眼。对于那些传说，如果不去与时代伦理相调和，而只是墨守成规的话，人们可能会一笑置之，很快就会淡忘。所以传说的变迁反而是一种有效地使传说更好地流传下来的方法。

且说其起源，这荒野中多盗贼，故命观音裟褐罗龙王为老婆婆，第三龙女为美丽的歌姬，以美色引诱恶徒，以磐居、磐融二石击头置恶徒于死地，二人凭此法整治了以恶党头目麻吕为首的众多盗贼。此后老婆婆飞入池水中，变身为俱利伽罗不动明王，歌姬变身为辩才天，垂迹于此池，救人于苦难。若想除孩童咳嗽之病，只需饮此寺之池水，而后便不治而愈。还愿时也要再饮此水。磐居之石枕、歌姬之镜至今仍被视为灵宝。

江户三十三所观音第二番御缘歌：

愿俗世之罪孽浮于姥池之水，祈愿一家之平安。

（《新小说》大正九年四月刊）

空船[1]的故事

一

据文献记载，在距今一百六十五年前的宝历七年八月的一天，因辨庆法师[2]化缘簿而举世闻名的加贺国安宅海滨，飘来了一条“空船”。虽说传言中一直称之为空船，但实际上那只不过是一个长宽各九尺的正方形厚木箱子。箱子各角都用白石灰进行了加固，箱子里面是三具男性尸体。据说大船遭遇风浪倾覆时，船主等重要人物，或是不识水性的人就会钻进箱子听天由命，以求侥幸逃生。至于是否真的有这样的事我无法确定，但可以肯定的是，对于这些靠海吃饭的人而言，他们衷心期望能够回到岸上，即便那时他们已经不在人世。

① 原文写作“うつぼ舟”。——译者注
② 平安末期僧人，英勇善战，其事迹多被后人改编成能和歌舞伎。——译者注

虽然曾向郡代打听过这些人的来历，只可惜一无所获。据说尸首已经就地掩埋在沙滩上，木箱也被拆掉拿去做了附近一座桥的桥板。当时各家寺院都前来为三人送葬，还难得一见地为他们举行了祈福的法事。但也不知道是因为这些人殒命海上，魂魄执念太过深重，还是因为他们可能信奉的是耶稣基督，所以佛教超度无效，据说有时在半夜时分，会有鬼火从墓地飘荡出来。关于“鬼火”的恐怖传说尤为多见于此类墓地。虽然人们可能看得很真切，但或许正是因为他们总是习惯从这个角度出发胡思乱想，才会对火光之类平日里不以为然的现象大惊小怪。无论是河内的姥火还是尾张[①]的勘五郎火，全国范围内，类似的例子数以百计，然而这些事件发生的时间和场地都是固定的，原因也几乎是一模一样。可见，即便真是再普通不过的自然现象，那些哀悼死于非命亡魂的人们，也会因为心有余悸而创造出不可思议的怪谈。

此外，用箱板铺桥体现了传统日本人己所不欲勿施于人的优秀品质。例如奈良药师寺的佛足石石碑，许久以来就一直被用作佐保川的桥板。这是因为那些体会过冬天徒步渡河的人们，不想让后人再像他们一样忍受冰水浸脚之苦而特意为之，可见他们是多么的善良体贴。渡人过河只是举手之劳，其实就包含了深刻的佛教思想。在一些地方，甚至还有地藏菩萨为与牛马结缘，曾起誓说自己甘为桥面任由其踩踏。因此，这个在过去的北国海边河畔习以为常的小事，就这样保存了下来，而其

① 中世受托管理郡的代官。——译者注

中所包含的亟待解决的问题，也一个接一个地出现在我们面前。

然而，我并不想在这里讨论纷乱复杂的民族心理法则问题。在被浩瀚大洋环绕的日本海岸，千百年间飘来了不计其数的东西。过去由于半岛洪水，雕刻着面目可憎的所谓天上大将军的木桩，就屡次从朝鲜漂洋过海来到日本。亦有奇闻说有渔民在羽后荒无人烟的海边拾到过一根桥柱，上面题字是“峨眉山下桥”。尽管人们可以纵情想象海平面另一端未知的世界，但或许是由于一种冥冥之中根深蒂固的力量，让我们的祖先把跨海而来的所有怪东西一概称之为“空船”，即便那很明显是一个装着死人的木头箱子。如果这不是一种巧合，那么其中一定蕴藏着某种难以揣摩的国民习惯。这个问题看上去似乎很无聊，但如若能从其中发掘出新知识，那么也算是没有脱离学术的范畴。

二

空船原指把大木头掏空制造而成的小船，如今在南部的小岛上依然能够看到这些小船活跃的身影。但对于大部分日本人来说，由于年代太过久远，空船的概念早已模糊不清。在我们父辈一代人的想象里，“空船”应该像潜艇一样有一个盖子。他们觉得，如果没有盖子的话，一条小船无论如何也不可能穿越苍茫大海，从遥远的地方平安抵达日本。据说在加贺空船事件四十六年之后的享和三年二月二十二日正午时分，常陆的原宿海滩也漂来了一条空船，这条空船像香匣一样是圆形的，长三间有余，船底铺着铁板，缝隙由松脂填塞。空船上方是一层玻璃罩，透过罩子向里看，一个妇人安然无恙地坐在当中，正面带微笑地望着外面的人们。

当时以《兔园小说》为代表的众多随笔都对这个传说进行了描绘，不过毫无疑问，这些描写的出处一致并且肯定都是杜撰。相传那位年轻女子面如桃花，生着一头红发，佩戴着用于装饰的长长的白色假发。随身带着床单褥子，一个瓶子里装着二升水，此外还有点心、肉类等食物。唯独一个二尺见方的小匣子她片刻不离身，碰都不让人碰一下。尽管语言不通，但仍有渔民很坚定地判断，这个女人应该是蛮国的公主，因与人暗通款曲的事情败露，男人被处以极刑，她因为是公主才免遭死罪，而是被放进空船，任其漂流自生自灭。而那个她抱着不撒手的木匣子里，多半放着的就是她心上人的首级。

显然这些住在海边的人们的结论有些武断。但相传之前曾有过搭载着蛮女的空船漂流到附近海岸，船舱里一块案板似的东西上放着一颗刚砍下来不久的头颅。似乎从古至今，常陆这一带的人们就格外喜好谈论这些煞有介事的传闻。从一方面说，谣言源于他们对大海超越寻常的信赖，不过，至少他们在对记述内容的修饰，特别是还画出了蛮女和空船的草图，实在是夸张得有些令人哭笑不得。据说是因为请官府出面善后的手续繁杂费时费力，当地人便自行遵从先例，将女人塞进船里又送回到了海上。尽管除此之外再也找不到别的佐证，但是从船舱里面抄写下来的四个怪异的文字证明了这个故事是大话连篇。曲亭马琴对其进行了注解，而且最近在浦贺的海面上的英国船上也发现了这些所谓“蛮文”。

难道这个女子真的曾是英国、孟加拉或是美国等地蛮王的公主不成？我一直说要一探究竟，不过至今仍只有顺其自然罢了。

当然，我们不能立足于近代知识来嘲讽古人迷信。第一，虽说这么一条小船不可能载着美国公主漂流到日本，但为什么类似的事情，或者说是类似的谣言，就这样出现并传播开来了呢？若真的问起来，恐怕也没有几个人能够给出合理的解释。纵然是口口相传出现错误或是吹牛夸张言过其实，其最初也应该有个基准。再退一步说，即使这是彻头彻尾的谎话，一开始也应该有一个怎样说才能骗到人的预想。这就好比是今天文艺青年们实践过的那样，比方说他们编造的东西是“镀金”，那么这层镀金的下面至少也得是一些金属，即便是廉价金属，总归不能是豆腐或是芋头吧。无论是什么样的空中楼阁，也需要一个立足点。或许是无意之中，人们将空船赋予了这样一个大概的形状，并在其尺寸大小上荒唐地达成了一致，于是就在偶然间实现了前文所述传说界众口一词般的成功。如果“空船”能够证明人类绝非信口雌黄的物种的话，也可以称得上是一个令人愉悦的发现了。

三

在很久以前有一个类似的传说，传说中的空船漂到了常陆国的丰良海岸，被一名渔夫发现。因其为《广益俗说辩》的一节而得以传世。钦明天皇在位时，天竺旧仲国的霖夷大王之女金色女，因遭到继母的妒恨，乘坐小舟飘扬出海，最终到达该地。只是她不久便因病离世，据说死后灵魂化作了一只蚕。有人说这是日本养蚕的发端。当然，这个民间传说也是中世时期的杜撰，但其起源绝非如此简单。奥羽各郡双目失明的巫女们至今仍传唱着神秘的歌谣，在这些歌谣中，与骏马成婚的贵族女子无一例外都在升天后，魂魄降落在桑树枝头化为了桑蚕。也有人认为，名震丰后的真野长者就是女子的父亲。但单就传说内容来看，与邻国中国最古老的志怪集，干宝所著的《搜神记》如出一辙。想必将其与蚕的由来联系在一起的人，多半是蚕神的信众。可以理解，当地由于某种机缘巧合吸收了外来的古传说，并殷切地希望能将本土与外来的历史结合起来。但是，不分青红皂白将其与空船牵强附会在一起的做法，只不过是岛民数千年来的一厢情愿罢了。

不过，除此之外在日本东部地区，现在已经找不到有关“空船”的传说了。当地的信仰也同坐在船里的少女一样，是从西南方向随波而来的。因为这条路线并不是人们主观开辟，所以人们都将这视为一种奇迹，诉说着神灵的伟大，以家族历史为荣的人们也从未忘记空船来自于遥远的故乡。九州的原田家族是归化人的后裔，他们有一个流传至今的传说。前文提到的《俗说弁》也有相关记载。筑前怡土郡的高祖明神即是汉高祖。据说是汉高祖的一位皇子乘坐空船跨越大海不远万里来到了当地。因为皇子气度非凡，当地人便推选他主政，掌管当地事务。其后人自称原田氏。据说“高祖明神”中的汉字“高祖”也来源于此。可惜，这个传说与史实并不相符，而且与原田氏属于同一门派，且宗教色彩更为浓厚的大藏氏，针对有关的历史渊源也有着与之不同的主张，所以我认为原田氏的说法在形成中一定受到了后来社会普遍说法的影响。

在濑户内海沿岸的移民当中，还有很多古老家族保留了类似的传说。但我认为，如果以这些传说来揣测真正的史实，恐怕实在是不保险。例如，周防的大内氏是归化人的后裔，据说祖上是踏上多多良滨海岸的百济国琳圣太子。但其本意是想说，他们家族起源于在很久以前即降临此地的北辰妙见[①]，他们到达这里是神的旨意，所以太子其实是他们尊奉的神灵的孩子，至于百济是不是他的故乡其实并没有那么重要。可是不知道是不是因为百济是佛法进口国，还是因为马上要解释的第二个原因，备前的宇喜田氏传说也是一样，在这些家族的家谱中最不可信的一点就是百济王子是所谓的第一世祖。第二个原因是时间上的错乱，大治二年的时候，这个百济王国都已经灭亡了四百多年了。相传百济国一个身怀王嗣的妃子被放进一条空船送入大海，最终漂到了今天的儿岛。当地一个名叫三条中将的人娶了她，腹中的孩子出生后取名为三条宇喜多

① 即妙见菩萨，将北斗七星神化的菩萨，据说可以守卫国土带来幸福。——译者注

少将。据说他恰好是祭礼上全部童男女中的第一千个，一说是他拽倒了京城三十三间堂的脊木（所以才叫作大治二年），又说他手持鬼面活生生地变作鬼怪吃人，因而又被放逐回儿岛。一位僧人偶然间遇到了他，便摘掉了他的鬼面，并将鬼面剁碎，从而祛除了魔怪。相传这个鬼面就埋在今天儿岛瑜伽寺的鬼冢里。今天，这个传说与当地的信仰早已混在了一起，因而很难辨识其本来的面目了。

但是，如果仔细地将这些纷乱的传说分门别类进行整理，就会发现并没有任何一个是备前独一份。其中空船系列明了完备，而且很显然在那些提到由于某种原因而从海外舶来的传说中，从古至今都没少了这条小船。现在对岸的伊予，据说是河野家始祖的小千御子也是其中之一。相传很久以前，兴居岛的一个名叫和气五郎大夫的渔夫出海，发现了一条空船，将其拖回家打开一看，里面是一个十二三岁的少女。自称是邻国中国人，由于种种原因流落至此。渔夫便给她起名为“和气姬”，将她养大成人。后来，这个女孩嫁给了伊予王子，生下的孩子就是小千御子。据说今天我们仍能够在船越当地找到和气姬的陵墓。由此可见，在常陆荒凉海岸上的那个“美国公主”，也并不一定就是空穴来风。

四

我们七嘴八舌地堆砌了各国的一些事例，在惊讶于这些不可思议的巧合的同时，还要看到有一种经久不息的力量，始终在引导并且也是在束缚着我们民族的想象力。伊予的和气姬曾说因为“种种原因”，而这个“种种原因”其实就包含了最大的疑问。这不是一个随便传传而已的神话，所以终究会留下一些蛛丝马迹。在奈良手向山劝请之前的公开文献中，八幡的祭神一直是应神天皇，然而在宇佐却有着另外一个传说，这个传说的性质与发源意大利的基督教相似，对母神都极为敬重，乃至在大带姬更名为神功皇后之后，仍用比咩神或玉依姬之名将其供奉于中央大殿。养老年间，大隅当地发生叛乱，宇佐神部参与平叛，居功甚伟。尽管而后其与宇佐本社仍保持着一定的联系，但根据古文献记载，大隅正八幡宫的由来却与北方所流传的版本截然不同。其母神叫作“大比留女”，若宫则是太阳神之子，据说也是乘坐空船漂来的。其由来不仅详细见诸《八幡愚童训》《惟贤比丘笔记》等书中，男山神社中也可以找到“大比留女”这个名字。或许是唯恐其与官方说法不一致，这才逐渐被压缩到南方一隅，蛰居在一个小小神社之中。

简单描述一下这个古老的传说吧。震旦国陈大王之女大比留女七岁即有身孕，她的父王十分惊讶，问之曰，汝尚且年幼，所怀是何人之子耶？大比留女答曰，吾梦中朝日金光满怀，醒来即怀孕。国王愈发震惊不已，命人制造了一条空船，孩子一出生，便将其连同印鉴一并放入其中，推入大海任其漂流。谕旨称，其漂流到的地方日后便归其掌管。后来，这条空船漂到了日本镇西大隅的矶岸，因太子号“八幡”，那片海岸便得名“八幡崎”。相传这件事发生在继体天皇在位期间。后来大比留女飞入了筑前若椙山，现身为香椎圣母大菩萨，王子则留在了大隅国，被尊奉为正八幡，据说年纪轻轻便顺利地平定了当地暴民的叛乱。

阳光洒在少女胸膛的说法很不明确。据《八幡大菩萨御因位缘起》记载，确实是朝阳的光芒照射到了沉睡的少女胸膛，但这个说法令人难以接受，于是后世便将传说改为了大比留女梦见自己张口吞日。丰臣秀吉，以及在他之前的多位高僧的传记，都曾提到母亲曾梦日入怀或梦中张口吞日的情景，但想必都是各自臆造出来的而已。正如人们所熟知的那样，最早见诸文献记载的这一套传说就是描绘百济、高句丽两个王国始祖诞生的相关神话了。这些神话传说在一些虔诚的信众笔下犹如获得了生命，远比僧人们编造的故事精彩得多。只要传说声称，年轻女子将会生下一个孩子，而这个孩子日后会成为王者。所以即使是将女子幽闭于室内，断绝同外界的一切往来，也会有阳光从门窗缝隙照射进来，无论怎样躲避，阳光一定会照在女子身上让她怀孕。佩里的《文化迁移论》曾谈到过东印度群岛上一些类似的常见的例子，并将其解释为在那些亲身感受过日光具有孕育生命的力量的人们中间，自然而然产生并发展起来的一种神话。不过，仅凭这一点，是不足以解释那些指定到人的传说的。一些土著长年游走在密林之中，隐藏在洞穴深处，在他们看来，太阳的光线犹如一支黄金箭，似乎是有意想要接近人类。对于这些人而言，如梦似幻的迎接阳光不亚于恭候一位雄姿英发的男神。原始人对太阳的崇拜，不但刺激了这种非比寻常的受孕传说的产生，甚至让这些情况愈演愈烈。因此，在流传至今的传说中，如果以扶余建国传奇为最古老，那么这种太阳崇拜便不能够称为传说的根源。在日本，山城贺茂的玉依姬拾起了一支美丽的白羽箭，回家之后便怀孕了，生下了别雷神。又例如大和三轮的大物主神化身“丹涂矢”，顺流而下漂到少女身边，等等。由于把太阳当作一位男神的民间信仰衰败过早，以至于数量众多的这一类传说始终难以给出相应的合理解释。还比方说新罗的古传说，一位出身卑贱的女子受到了霓虹照耀，生下一块红色玉石。这块美玉化为一个姑娘嫁给了日矛主子为妃，再后来逃往日本，被难波的比卖基曾神社奉为神灵。由此可见，早在两千年前，我们的祖先在没有大陆历史学者的帮助之下，就已经十分熟悉那些父为太阳、母为人类的神灵了。平安京早期，备受宠幸的武士家族坂上氏，据说就是百济遗民。在奏启家族史时，他们详细描述了一个传说，讲述的是太阳如何占有了一位少女。这个传说不但与《后汉书》的记载相吻合，而且与大隅正八幡的由来颇为相似。此外也不难看出，同时期在西海[1]兴盛发达的宇佐信仰也对其进行了模仿和利用。不过我们并未想到，一个传说竟然能如此周游列国。追溯到太古时期，在众多民族还未像今天这般分散的年代，有许多实验虽然结果差强人意，但却在淳朴的人们心中留下了深刻的印象，这些令

① 即西海道，日本五畿八道之一，所管辖地域包括九州岛及周边诸岛。——译者注

人印象深刻的实验有朝一日能够在各地重现，都要归功于它们曾被小心翼翼地保存，以及意想不到地相互比较。但是要深入研究的话这一问题可谓是深不可测。眼下，我所考虑的是为什么大海彼岸的大比留女会坐着空船来到这个岛国，以及又是何人声称，比卖基曾神社的阿加流姬神就是新罗的太阳之子。这些可都不是轻易就能解决的问题。

五

据说出云佐陀神社的神灵只知其母不知其父，于是他来到加贺的石窟寻找答案，结果，他发现一支黄金箭浮在水面上顺流而来。这与神灵化身丹涂矢的故事类似，都是美妙生动且具有日本国特色的想象。如果把这些想象单纯地与阳光透过窗缝照射到少女怀中的传说归为一类的话，甚至还会有几分不甘心。然而，每个民族为了顺应不同的文化境遇，都免不了要尊重听众。因此，最早的传说也都显得更为露骨，却也感人至深。智慧和趣味总是要求故事要有更为新颖的修饰和润色，即便是神话这样传统保守的文艺形式，也会在不经意的成长中，逐渐摆脱时代所形成的桎梏。因此我们今天面对民间那些略显低俗的笑谈时，也应当保持理解宽容的态度。来举一两个关于空船的著名故事吧。在台湾东岸地区原住民排湾族的民间传说中，常能见到将美女塞进涂满朱红色的箱子放逐海上的情节。据说一个名叫“知本社”的村落曾捡到过一个。相传该女子体内长有獠牙，凡是接近她的男子非死即伤。人们视其为灾星而将其抛弃。然而知本社的一个年轻头领却不知用了什么方法除去了女子的獠牙，后来还娶她为妻，儿孙满堂。这个传说也正是金世大明神的由来。如今在奥羽乡间，人们都把这个传说当作茶余饭后的趣事说给外地人听。像这种在偏远荒凉的南方岛屿上也有所传诵的传说，想必不会是近代书生们编造出来的。但是，至今仍无法找到它们的共同起源。幸运的是，在台湾东部土著民族中间，不论是阿美族的马兰社还是排湾族的卑南蕃，都流传着一个身上长牙流放大海的姑娘最后漂到了知本社海边的故事，其中后者还亲自予以了肯定。可见在两个以上互有往来的村落之间一边被抛弃而在另一边却被珍视的传说脱生于空船信仰。也就是说，那些信奉神灵和黎民之间因缘宿命，讲述着漂来、飞来甚至是盗来神灵的这一类传说，其实原本也脱生于这个空船信仰。

此外，在排湾族的各村，还多有流传从树木中钻出人来的故事。不同村落所信奉的版本各有不同，有的是一颗蛋从竹子之中滚落，破壳而出的就是最早的一男一女两个人类；还有的人是从壶或葫芦中现身等等。另外，大量“异人卵生”的古传说也随着佛经传入了日本而广为人知。虽然不能将相似的传说作为依据来论证相邻民族的血缘关系，但令人意外的是在尚未开化的人类中间，竟然也存在着这种样式略有不同但思想实质一致的故事。像这些经久不衰的故事的起因，是不能简单归结于偶然的。一些人认为新罗国王出生于一枚金蛋的神话，与朴姓一族祖先乘着葫芦东渡日本的瓠公奇迹本出自同源。在人们能够描绘出像列仙传那样乘坐葫芦的画面之前，或许是对三韩人民来说，葫芦等中空外实的用具非常奇特，才会这么快地催生了类似的传说。尤其是对那些将村落修建在海边，终日眺望海天一色云起云落的人们来说，很少能遇到这么大的问题。实际上，在人们运用智慧和技术制造箱子或桶之前，大自然并没有给予人们太多的提示和样本，因此，当人们第一次看到中空的木头浮在水面上的场景时，可想而知人们该是有多么震惊与好奇，而这又将唤起多少漏洞百出的宗教观念和后世诗人们也远不能比肩的想象。人们脑海中的印象不断变换着容貌，永远留存在这个世上。不过，这已经没什么可大惊小怪的了。

这是一个很有力的证据，由此我们可以大胆推测：其实我们国家许多传说是没有作者的。再回到排湾族的神话。据说其村落的祖先是从一个壶里出生的。相传也是太阳光透过墙壁，纤细微弱的光线照射壶身，之后人们便将这个太阳之子抚养成人，与日本的竹取物语颇为相似。这个故事也有多个变种，黄莺之卵就是其中之一。不同的是在这个传说中不再是辉夜姬通体发光，而是竹取翁在茂密的竹林中发现只有一处能被阳光照射，在女孩子返回天上的时候更是相映灿灿，可见这也是一类太阳之子的神话。此外，还有被视为桃太郎原型的瓜子姬，在童话中她毫无招架之力地被山姥吃掉了，那么一开始她顺着山中溪流而下的桥段就失去作用了。尽管后半部分的编排非常传统，与剖开狼腹救出羔羊的故事一样，瓜子姬死而复生，但作为诞生奇谈而言它仍是不完整的。所以在与第二部分的历险记，也就是与山姥天邪鬼等妖怪大战的部分结合之前，我们只能假定说，是另一系列的瓠公神话一直以来在这一方面占据着统治地位，而葫芦等瓜类对我们东方民族施加的影响，可谓是最为复杂且津津有味。

六

用我们的话来说，时下流行的日本人类学其实可以算作是陶器学，在陶器之前，与陶器同时期的则应该是“葫芦学”，但由于葫芦会腐烂，所以即使是挥锹抡镐也无益于治学研究。不过，只要有毅力，持之以恒地追寻葫芦与人类生活的联系，也并非完全无路可走。

在那些像日本一样有着得天独厚自然条件的国家中，无论是物质层面还是精神层面，植物对人类的帮助照顾都可谓是无微不至。水稻、樱花，千百年来生生不息，不过想要利用那些不曾在土里腐烂的“遗物”来推演解读前代的社会风貌，恐怕就很难如愿以偿了。随着考古学研究的日新月异，针对与此相应的无形遗产的搜集就变得愈发急迫，研究论证也不能一意孤行，而是要坚决地走向相互扶助相互借鉴。有的国家不幸没有这样得天独厚的良好条件，在治学时只能一味依赖着译著，而我们作为传承千年的日本民族的继承者，必须要能够发现国民文艺这个包罗万象的题目之下，有关葫芦的诗歌传说风土民情，不仅如此，我们也必须要能够找出这个题目下那些早已风化了的记忆碎片残损的色彩与纹路。一个能用自己的双手探寻自己历史的民族是幸福的，而作为一个如此文明的国家，在世界上亦是屈指可数的。

葫芦的用途广泛，葫芦的使用史源远流长，不过信奉并祭祀陶器之神的神社却为数不多。想来是因为虽然在饮食及其他日常生活中，人们体会到了陶器的诸多便利钟情于此，但又由于信仰极为注重形式，所以祭拜的传统难以改变。在陶器之前，包含神体最多的是木箱或圆桶（当然，通常打开盖子你会发现其中空无一物）。但这其实并不比木匠工艺的出现久远多少，肉眼不可见的神灵附身于物体之上的观点并非是中世新兴，在人们能够制造箱桶之前，人们应该早已开始使用盆钵等木质中空器皿了。这便是如今家家户户都如此看重臼的原因，而且不时还可以听到用臼来祭祀氏神的传说。如果有人问了，臼之前用什么呢？答案大概就是天然的中空木头或葫芦了吧。也正是如此，这两样东西才会在今天仍保持着古朴的原貌，在各地被当作神灵宿主而广受崇敬。

我们信奉的神灵反映了日本民族的特性：热衷走南闯北并顺应人民的希望而分灵。可是空洞的天然树木是不能够随意走动的，于是便流行起折下其中神圣的一根树枝，将其插在人们新踏上的土地。可惜，这方法似乎不大灵验，于是其他各式各样的箭囊①便被搬了出来。箭囊据说是八幡太郎发明的插箭的容器。最开始时，这或许只是一个旅行用“魂筥”。而与此相比更为大众的当属天然葫芦。结实轻巧，既能够漂在水上，又相对耐磨，甚至外形还酷似人类。因此，不论对哪个民族而言，由它作为“灵魂的容器”都是再合适不过的。

在诸多关于空船的传说中，它们的乘客都是号称最接近神的半人类，所以这些人并没有理由坐着葫芦顺流而下。像神话历史中的少彦名神、幻化为金花虫停在箱子角落的倭姬命，以及辉夜姬、瓜子姬，乃至

① 原文写作“靭（うつぼ）”，即箭囊、箭壶、靫。——译者注

已经成为童话故事的一寸法师等等形象，都将日本的“小子思想”展现得淋漓尽致。但是在宣扬诸神的人性，宣传神灵与仕神家族的血脉联系之风开始盛行之后，“舟”一类的道具便成了必需品。而且，当以中空木头为起始的独木舟逐渐消失，各家传说便开始发挥起他们的想象力。直到创造出了享和年间，常陆之滨漂来的铁舱底玻璃窗，加之写着无人能懂的文字的那条船，这才终于显出端倪。并且这些千奇百怪的船里，仍少不了一位背井离乡公主模样的年轻女性。

七

说得太多难免会惹人厌倦，所以最后列举三个例子，以此为多嘴多舌画一个休止符。在舞本《大职冠》一曲中，镰足奉皇命寻找海底明珠，龙王为了把宝珠骗回来，便让一位名叫浓采女的美女坐上一条空船，将其送到了海面上。

“浮木一根漂于水上，水手取而观之……枕香已无，深以为怪，遂割木。木开，见一倾城丽人于其中。”

乍一看上去只是一棵浮木，割开一看其中还藏着一位美女。也就是说，这是前往龙宫的唯一方法。

与此不同，在肥后的八代地区，至今仍传唱着牡丹长者的故事，其精巧细致甚至连如今的高科技潜艇都不能与之相提并论。牡丹长者有三个儿子，其中两个各自在村里找到满意的姑娘，而小儿子的妻子却是出身贵族。现将主要词句摘录如下：

> 末弟尚未许婚配，源氏公卿有娇女，只因些许过错，勒令扁舟一叶贬至边海，造船原料乃紫檀黑檀铁刀木，京中能工巧匠，装饰以琉璃，金银数以千计，佳人端坐其中，冲波逆流，这边辗转五日，那边坎坷七日，终抵淡路岛，遇到岛上太夫。太夫曾听闻虚舟的故事，却不曾亲眼见过，忙将其抬上岸，见当中是一绝色美人，天冠摇摇而坠。问起近日的饮食，乃是铁树团子，可谓点心之无比高级。食其一可支撑七天，食其二可管十四天。问：来自何方？女子面露愧色，本是源氏公卿之女，只因些许过错，便被丢进虚舟流放大海。太夫又问：愿意回国还是愿意留在当地。答曰：随波而来，不可还家，万望收留。太夫大喜，遂将其配于牡丹长者三子。

和常陆海边一样，这里的人们也比较在意传说中的食物，但“铁树团子”着实有些煞风景，很难想象这会是一位“天冠摇摇”的女性。虽然其中描写了那个时代的琉璃、沥青之物，但想必这种程度的夸张润饰对近代那些一向心不在焉的口述传说之人而言倒也并非难事。应当感谢思想统一带来的影响，九州最南端人们心中的乐土也变成了平安京，从此不必再远求盛唐或天竺。

在悠久的岁月长河中，似乎只有一个关键之处没有得到村人的理解。在鹿儿岛湾西北角，大隅牛根乡山麓有一座村庄，其在半山腰处建有一座居世神社。据文献记载，在很久以前的某年十二月二十九日夜晚，当地的一位农夫到海边汲水，听到一条停泊在岸边的无人小船中竟传出了啼哭声。他用火一照，发现是一个七岁左右的孩子。据说这是钦明天皇的长子，只因一次下雪的时候光着脚丫子跑到院子里踩雪，被天皇认定举止轻浮，于是就废除了他即位的权利，因此才会被扔进船里流放到海上。这里的"船"大概就是空船。农夫将皇子抚养成人。相传皇子十三岁时归隐，被奉为神明，而其隐居之所就位于神社东边三町远的地方。在各个地方，关于皇子流放的传说大多讲述的都是神社的由来。某年，天智天皇巡游萨摩、大隅两国时，曾将一位名叫玉依姬的美人纳为妃子，后来生下了男女多位皇子。因为这个故事与正史相距甚远，所以当地的学者们认为这应该是彦火火出见尊的讹传之一，但这一观点也不过是人们试图把神话故事历史化的美好愿望而已。居世神社皇子的那一丁点过失，尤其难用史料考证。不过，单凭这一篇文献我们便可推断，在田间地头的人们心中，至尊至圣之人一定是不能光脚踩地的。同时也可以发现，在某些时代，人们非常愿意相信神社的神灵都是远道而来接受供奉的。我们还可以大致了解到，十二月二十九日汲潮从某时起也成为每年正月恭迎神灵的一个固定仪式。

根据神话时代的记载，诺册二尊的孩子被放进苇船漂走。《书纪》中有"天磐樟船"，然而究竟是怎样的一个形状，除了西村真次君之外鲜有人知。事实上也很难理解为什么一定要在正史中保留这样一条记载，然而到了后世，以著名的难波堀江为代表，开始出现把没有用的外来神送往海上的风俗。这样做通常是基于神的意愿，或是逆流而上回归本位，或是远涉重洋去往新的土地，不管是何种情况，通常都要在地位确定以后才会大说特说。但唯独水蛭子[①]一人，仅仅有被流放的情节存世，恐怕是文献记录不完整。举一个特殊一点的例子。相传赖政曾于紫宸殿檐下杀死了一只不停鸣叫的怪兽——鵺。这只怪兽死后，首身足尾被分开扔进了内海，飘向各地之后这些肢体化作了当地犬神蛇神的始祖。京都东部地区就有一座埋葬着上述部分残肢的“鵺冢”。另外，在神户附近的芦浦的鵺冢，不仅号称葬有肢体，据说将其运到这里的船舶也埋在坟墓里面。这座冢位于滓上江村，名曰“鵺空冢”。虽然可以认为空船与鵺无关，但在歌谣《鵺》中，鵺的精灵自己出现了，并说道：“赖政名扬赫赫，我名淀川溘溘，阻洄乖舛，水行尽处，空穗舟上，独活野望，芦屋寞寞……”

如果仅仅是出于文艺层面的趣味，事情再奇特也不会传播得如此广泛，并且也不至于跨越千年而永葆青春。就像是内心被深深震撼的古人，在我们今人也是一样，即使是一些情节是虚构的，我们还是会列举新的实例来重复这种感动，甚至还会延续宗教典礼，以期保存这种信仰。例如，虽然未能得到公开文献的确认，宇佐地区最近一些时候仍在举行流放神灵的仪式。伴信友翁的《八幡考》曾援引松下冗林的笔记，被称为宇佐神体的“荐御验”，就是每年从菱形池塘里割草编席，包裹木枕安放于三殿，再把前一年的草席取出传递给下一级的神社，如此依次进行，

① 即财神惠比须。根据《古事记》中记载，水蛭子为日本神世七代中的最末两位兄妹神伊邪那岐和伊邪那美第一次相媾所生之子，因其天生软骨而被放入苇编船随流遗弃。——译者注

到了末尾的小山田神社，就把去年的旧物放进空船送入大海。据说小船一定会飘到伊予国海上一块名叫“御机石”的礁石上，并最终在那里腐烂。这其中的神秘含义以我们今天的知识仍旧无法破解。尾张的津岛神社每年也会举办“放神”仪式，称作“御葭神事”。人们会固定前往一片河滩，将芦苇扎成束，祈祷之后将其放入水中漂走。苇束漂到远近村落后，那个村子就必须要建造新祠供奉它。因此这一带天王神社的数量格外得多。这就是所谓“分灵”。本社虽然没有迁徙，但本社供奉的神灵的有关教义却得以传播扩散。津岛地区也祭拜京都的八坂神社的祇园。各国农村，每逢旧历六月十四，都会将黄瓜放进河水，据说是在供奉祇园。普遍的说法是黄瓜里有蛇，从这一天开始就不能再吃了。这里的黄瓜其实就是另一种形式的“空船”。在天然水流的力量引导下，人们无意识地保存了旧时代的信仰。神明现身蛇形，已是日本古老的说法。大和三诸山的天神，就是以蛇的姿态镇守大门，而将此传世的家族，其名便是小子部。

（《中央公论》大正十五年三月刊）

小野阿通

一

吉川英治君在《宫本武藏》中描写了一位名叫“阿通”的美丽同乡。对于我们这些读者而言，实在是迫不及待地想知道这个故事的结尾。光悦和泽庵两人都是名士，一定会不显山不露水地活下去。佐佐木容流的去向已定，实在是让人心生恻隐之情。本位田又人和老婆婆原本就是虚构的人物，所以结局怎样也无所谓。在作州的古人物当中，唯独阿通这位女子令人难以忘怀，看着她在羁旅中青春不再，真是令人唏嘘不已。留名人间已得所，幻化成仙亦可哀。

按照我个人的理解，这是历史小说作者与读者之间的一种默契。近来，诸如岩野砲鸣、岛崎藤村等博古通今的文学家中，忽然兴起了一股文艺新风。他们选取描写那些曾经神龙见首不见尾的历史人物，既不会违背历史，挑战大众对史实的基本认知，又能够笔走龙蛇洋洋洒洒。在净琉璃《三胜半七》中就有一家女儿取名“阿通”，通常来说父母是不会给孩子取这个名字的，孩子长大后，本人也好别人也好，叫到这个名字都会有几分别扭。为女孩子起一个别致的名字的风俗还是近代以后才传入日本，出乎意料的是，这个习惯却发展得非常迅速。就像侍女常用的名字主要是松、末、清、春、阿善、阿良等一样，阿山、阿玉等名字包含了某种固定的用途。佐用、阿鹤、阿菊等名字曾经几乎顶起了全国神话故事的半边天，如今也同样走进了千家万户。而每一名女性需要拥有自己独一无二的名字，终归还是近代后产生的新潮流。在过去，女人们并不想让陌生人叫她们的名字，而且在我们民族中，不同地位有着不同地位的称呼，所以有没有一个属于自己的专有名词并不是那么重要。对于被呼来唤去随意称呼的妇人们来说，她们在过去极少脱离家庭而独立生活。不过渐渐地，忌讳姓名的迷信开始褪色，大量女性必须拥有属于自己的名字，虽然有一部分名字尚未普及到普通家庭，但像“阿通”这一类，显然也是一个非比寻常的名字。最近的人们仍然不是觉得这个名字太好就是觉得太差，想必宫本武藏时代美作的美女中，能配得上这个名字的大概也仅有那一个人而已。近代著名的女性作家，赞州的井上通女，有时被叫作美千，第一次听到这个名字时我还把她与小野阿通弄混了。可见，“通”是个多么罕见的女性名字啊。

二

美作阿通的具体内容已经难以辨识，但很长一段时间内在当地都广为流传。相传这位美丽女子二十九岁时升仙，升仙之后第一百五十二年的享和二年，一个名叫岸来的人，据称与阿通有血缘关系，从江户跑来在她的祠堂前建造了一座纪念碑。山本北山接受了他的委托为纪念碑撰写碑文，这个故事后收录于《东作志》，传承至今。而相关的解读研究可谓是五花八门层出不穷。尽管随着年代渐渐久远，其中不乏一些难以使人信服的传说，但倘若能以之体察古人之心，与我们今人而言实在是感慨万千。

为了阐明小野阿通这一问题，有一些常识是我们要预先了解的。美作国的阿通其人是平沼首相的故乡——津山城向东一里押入下村，村中的士绅岸来彦兵卫的女儿。她五岁即能作歌，七岁上机织布，琴棋书画样样精通。据说她出生的那天晚上天降奇瑞。因她举止不凡仪态大方，才女名声在外，一直传到京都的权贵耳中，十六岁那年便嫁入豪门，成亲当晚便从婆家悄悄溜走，神行太保一般转瞬间便返回乡里。她的神通顿时传开，不过最令她的老乡们啧啧称奇的还要数两年间缔造的各种事迹。当然，近来，巫女不会像她那般高雅美丽，阿通却能够祛患治病除魔消灾，没有一样逊色于巫女。如此一来她的名气更大了。十八岁那年，她告别父母开始周游各国。期间她借用的是她母亲的姓氏，自称小野阿通。不过，她与天正年间的和歌高手小野阿通是否仅仅是重名重姓，我认为还有待慎重考证。

从岸本家族的有关记载中能够发现一些眉目。阿通在京都时曾领召入宫，前去为天皇治病，可惜这个传说显然带有太多《御伽草子》的味道。据说圣上贵体欠安来源于龙蛇作祟，于是她在天皇御座周围安设了十二个台子，每个台子放上水桶和金银布帛，摆好供品焚香虔心祷告，刹那间桶中清水翻滚上涌，小蛇从中跃出，互相撕咬而死，圣上疾病立刻就痊愈了。天皇满心欢喜，便写下“白神大明神”的名号赐予阿通。这个情况虽然很罕见，但也要引起我们的重视。其后世子孙皆以白神大明神为阿通生前之名，如今庙前石碑所刻也是这几个字。相传石碑就放在她故乡的天神社里，至于此后又发生了怎样的变化，仍需要前往现地进一步考察。

虽然我相信不会有人信口开河，但毕竟是一百五十多年过去了，日异月殊在所难免。美作阿通在作法治病立功之后，一说她被天皇挽留了下来，列入后宫成为妃嫔，但这一说法与文献不一致。此外还有一个可能性不大的小督局[①]风格的故事传世，称阿通乃宫中第一美女，被人们尊称为“天人”，但她本人却不屑于享受荣华富贵夜夜笙歌的生活，最终在墙壁上留下了一曲和歌，翩然升天飞身九重。圣上见歌中有一句“身过嵯峨野，结草为筵席”，便想到她有可能隐居在了嵯峨，于是派大臣前去找寻她的行踪。果然，大臣在嵯峨发现了一座新盖的草庵，户主也

① 即德川家康的次男结城秀康的母亲，侧室长胜院于万之方。——译者注

姓小野。但早已经人去楼空，只是留下一首和歌委托侍女转交来人。“踏破铁鞋无觅处，花与红叶，自在心田”。文笔似天龙大觉的禅师，令人玩味。天皇万般无奈只得任其逍遥。三年内，阿通的法力愈发高强，疾走如电，腾云驾雾，不时飞身名山大川。如今爱宕山的“町石”，据说就是她同情人们登山不易而特意建造的。对我们来说，这个结尾也是一条线索。在爱宕山的文献或传说中应该能够找到建造町石当日的记录。而这一记录与作州的传说又会有哪些不同呢？即使前者未能提供任何佐证，正如众多的老女化石谈一样，可以说其必定伴随着像老女化石谈中提到的女人登山巡游，并留下结界之石作为纪念的传说。

三

说起以吉野御岳的都蓝尼为代表，将山岳作为修行的道场，放弃家庭生活终日孤独漂泊的女性，现在何止是屈指可数，甚至可以说在日本她们早已是荡然无存。曾被视为神仙一般人物的岸本家小野阿通，出现的年代越晚，越是显得平庸无奇。不仅在外飘零岁月大为缩短，居住地也越来越靠近城市。厌倦了花花世界而隐退乡里，在父母亲朋的哀叹声中结束二十九度春去秋来，却也颇有人情味。宽永七年九月十三日，她写下一首辞世歌“何日花再来，浮生若秋叶”，一个有着如此经历的女人，能够留下一首歌，深深地铭刻在人们心中，也称得上是达到了前无古人的境界。时光飞逝，曾经的事实会被谣传，再而被以讹传讹，还会受到一代又一代人想象力的侵蚀干扰，但唯有这样的词句才会被原封不动的保存了下来。从这些吟咏中我们大概可以想到，像是那些单纯的某一时代的上流教养，或是那些格式化的人生观，根本无法还原一个超凡脱俗的女神形象。在传说与现实交织的边界，很容易发生类似的情况，但我们也可以宣称，正是近代的力量，才昭示了巫道的倾颓与衰亡。

为了探究巫女与文艺由来已久的关系，我们自然要选择从和我们所见所闻较为接近的这一种零散状态入手。例如小野阿通。面对这种与净琉璃历史有着剪不断理还乱关联的问题时，纵使整理分析迄今为止所有的文献资料，也根本不会发现有任何提示指向另外一个作州的同名女人。在净琉璃小野阿通传记中最为矛盾的是年代、时间上的不一致，以及生卒两地的混淆。不过其终究只是作州山村中偶然出现一个例子，并不妨碍此外再出现的同名同姓的人。近代许多文献对这个女性的出身都有所描述，但充其量只不过是传闻层次，人们对其不以为然也在情理之中，只有信州松代真田氏的由来中，既有自称是后裔的人的声明，又有书面材料保留下来。看上去最为贴近真实，而且逐渐从其他传说中脱颖而出。但是，如果仔细加以研究，还是能看出其中空洞无力的一面。据《金叶集》结束语记载，天正十一年，这要比阿通来到信州足足早五十年，然而其中出现了美浓国北方里小野政秀的女儿，与其他文献记载并无区别。而被引用最多的《望海每谈》，本身就存在着巨大的问题。当中写到前水户家的藩士小野和泉的女儿，登载在《一话一言》等刊物上的《玉露证话》等文记载，其生于播州纲平，晚年时女儿出嫁，于是举家迁往信州，据说还是这篇十二段草子的作者。不过，这些支离破碎的一致性，是不能称之为“证据充分”的。

四

更为广泛的一致性存在于无所不有的阿通传记里。其一，美作所有重名的人，没有一个一声不响地留在了出生地，她们很多人都摆脱了家庭主妇的琐碎生活，独自外出游荡终此一生。其二，所有的小野阿通都得到了贵人的恩宠，并且其文学技艺早早获得了世人的肯定。唯一有区别的是，在不同的书籍中，她们的贵人，也就是保护人，会变成信长、秀吉或是家康，甚至还会是浮田秀家。在后来的人们看来，有着如此出众的才华和倾城的美貌，度过了传奇一生的女人不可能有这么多位。年龄也好经历也好，每一个都不尽相同。不过单凭这一点就要从中找出一个绝对正确的而彻底否定其他全部说法，未免有些武断了。

江户时代的学者们已经证明了，净琉璃这种文学形式在日本出现的年代要远远早于织田信长等人。尽管如此，通常情况下，我们还是认定它与小野阿通之间存在某种联系。也有人认为，即便她并不是十二段净琉璃的原作者，也很有可能是将其改造以适应三味线的人。如果真的是这样就另当别论了，文学史上的处理方法当然也会与现在有所不同。毫无疑问，这样一部作品必然经历过数次改编，甚至如今想要从中找寻其原有的部分都不免让人头疼。流传在外的各个版本详略有别，更是再正常也不过了。就连药师如来十二因缘[①]的章节数，在不同的地方都有多有少。我虽从未对其进行过对比研究，但从今天较为通行的一个版本也还是能够有所发现。例如在第十段结尾的一句，“骏河蒲原田子浦，御临吹上”，但接下来的两段却成了名门子弟患病，显然是另起炉灶离题万里了，恐怕这不是新加上去的，就是从别的文章中拿来“续貂”了。在过去长者求子的故事中，结尾不用“可喜可贺”便会显得格格不入，而在我看来，把牛若丸[②]与女子配成一对的结果恰恰说明宫本武藏派受到了历史的禁锢。这就好比是近代的“有仇不报”，是对已略显后劲不足的流行文艺所做的别开生面的尝试。

包含了牛若丸等情节在内的净琉璃御前物语，要早于现今已知的最早的小野阿通，也就是织田信长家的那位侍女。是不是在更早的时候就没有阿通了？在没有明确的书面证据的情况下不好妄加定论，但至少从名字上看，它并不是《义经记》的某一外传，从结构来看，判官也都只是些配角，比起鬼一法眼[③]更是关系不大。这一点来看，她比起矢作长者金高，或是其母身为游女之类的人物更容易融入故事。净琉璃就起源于绝世美女，特别是借助峰药师灵力获得奇术的姑娘。因为是源义经东游时经过的土地，因此可以不必在意年代而将二者结合起来，未必非要阿通这样才华横溢之人亲自执笔不可。不过，我认为兼有两方面知识且

① 药师琉璃光佛，又名药师如来，即药师佛，为佛教东方净琉璃世界之教主。据《药师琉璃光七佛本愿功德经》记载，药师琉璃光如来在因地修行菩萨道时，曾发十二大愿。——译者注
② 源义经童年时代的名字。——译者注
③ 室町时代初期的军记故事《义经记》第二卷中登场的传说人物。——译者注

能使改写的作品广为流传的人，必定出自凤来寺山，并且是一个女人。所以，一定还藏着许多我们未曾谋面的“小野阿通”。

以前我曾在题为《和泉式部的短袜》的文章中阐述过这一想法。四处周游传播凤来寺本尊灵力的女人们似乎群居于东三河的山里，其传说之一与《今夕物语》中的鹿母夫人相似，一个生着鹿脚的美女，来到了偏远的北九州乡下，她同样也是矢作长者拜神所赐的孩子。另外流传在日向法华寺，身患疮病与药师如来行歌问答的故事的主人公是和泉式部，此外还可以确信伊予、备中、美浓、上野等地也都是小野小町的传说，因为其中的歌曲、事件都十分类似并且都发生在矢作家，所以可见其从三河的峰药师出发巡游了各个国家。问题在于，相传改写过这篇净琉璃的历代小野阿通，以及那位据说在遍地的药师堂中作歌而获得奇术的小野小町，这两位小野氏女性究竟有着怎样的联系，我想这个问题应该很快就能解答。

有两个尚且不十分明了的事实，其一是至今在东三河村落中流传的净琉璃御前物语的内容，虽然没有亲耳听闻过，但向药师如来求子而得到的鹿之子，大概指的就是这位净琉璃姬。如果一直用心关注，那么总有一天会全文通透。另一个是当地有许多地方都号称净琉璃御前遗址，其传说也大抵不在十二段草子之内。可以肯定净琉璃姬是在安永七年，冈崎附近的一座寺院举行了六百年忌，那么治承二年，也就是以仁王举兵的那一年，她离开了人世。但是，这一段不仅未在十二段草子中出现，而且当地在很久以后，乃至到了近代，仍流传着净琉璃姬带着一个名叫冷泉的侍女四处流浪的故事，号称是其庵室、墓地的地方更是不计其数。

要是有人说这不可能，我也不会反对，但是通过搜集对比这些含混的资料，我们可以找到后世在哪一个环节出现了问题，也就能够明白故事的主人公又是怎样与故事的创作者合二为一的。

五

《八十翁畴昔物语》讲述了净琉璃的起源，记载了这个名叫“小野阿通”的侍女，现代人一提到“游女”这个词，首先浮现脑海的便是那些青楼女子，但在这里，“游女”的词义只不过是“周游的妇女”，含义更为古朴更为本真。如今在《御伽草子》中也能够见到“游女和泉式部”的词句。这一层面的游女，更多的是吟唱着“漂若浮萍”的代表，不过这些我们稍后再提。从九州最南端向北到陆中羽后之间，都留下了和泉式部的足迹。与曾我物语不可分割的大矶之虎，曾到过中国地区和九州，而更令人吃惊的是五郎、十郎之母——“满宫御前”，她曾从伊予出发，住进了土佐的山里。此外在东北地区，也传说这个名字罕见的女子曾向雕求子。若狭的八百比丘尼[①]甚至还被马琴写进了小说。在关东、东北地区留下了众多遗迹，在近畿、四国也有不少。纵然是在八百年的生涯中，她现身的时间也不多，因此绝不可能是在八百岁之后才开始旅行。不过几乎各地的传说都提到，是在守庚申[②]的当晚，吃掉了异

① 传说之一，讲述的是一个比丘尼食用了人鱼肉等特殊食物，青春不老，活了八百岁的故事。——译者注

② 庚申之日，佛教为祭祀帝释天和青面金刚，神道教为祭祀猿田彦而彻夜不眠。——译者注

人烹制的人鱼肉和九穴贝。这是关于获得了八百岁寿命的比丘尼的传说，而分头前往各国传播同一个故事，大体上也是可想而知的。而小野阿通与这些先例的不同之处在于，跳脱了净琉璃御前的影响，作为传说的作者而留名千古。然而那些想要传承这一流派的人们，遭遇了天下大乱的动荡时局，因此便逐渐将技艺转移到男性大夫身上。据《畸人传》记载，京都有一个女人名叫千代，自称是阿通的侍女，曾手持阿通的书信站在街头高声朗诵，因而被人称作“文展狂女”。而这个“文”其实指的就是空洞的文艺。东北地区的民谣中常常能够见到“千代之文”，可见这个故事传播范围还是相当广阔的。关于小野阿通的传说，大部分都出自这一类后继者之口。这些人都尽其所能赋予故事新的生命力，但如果本人在贵人圈里太出名，或是原本熟悉她们的人成为名流，并使得她们也随之坠入纸醉金迷的现实生活，那么这一传说也就无法实现彻底的诗歌化或神秘化了。从前，出门在外的女性带着女随从是一个惯例，从登白山、立山化石开始，直到江户中期，仍能从伊势、熊野的比丘尼身上找到这个惯例的影子。似乎这是想要保留自上古以来语部技艺所必不可少的。但对于处在过渡期的小野阿通而言，由于她与都府等上流社会的交集太过紧密，难以安守所谓游女的本分，而且其行动范围仅限中央日本的一小块区域，她个人虽然名噪一时，但其后的传承之路却曲折坎坷，如今传世的也只是寥寥无几。

不过，如果像我所想的那样，小野阿通这个女人的名字并非专属两三个人的话，那么这个责任应该由时代、社会以及小野家族的人们共同承担。尽管眼下全国的小野氏中混入了很多不相干的人，但现在居然没有任何一个人能想到这些同姓之人曾经为日本的精神文明做出过多么大的贡献。反倒纵然是最后一位小野阿通，也从未丢掉她们家族的传统。她们一族人超越了凡夫俗子的第一大特征就是精准的记忆力，第二个特征是善于运用动听的话语和高超的讲话技巧来描绘她们家族的骄傲，第三则是将这一自豪的家族史创造性地带去其他土地，充满智慧地将其用在自己的实际生活之中。如若不是她们辗转漂泊，勇敢地在每一片土地，乃至天涯海角扎根繁衍，日本民众的信仰将不知会怎样的分崩离析，日本各地的思想彼此之间又不知会是如何的形同陌路，更远远不可能如此轻巧地构成如今我们看到的这个崭新的国家。只要审视一下卜部氏以来神道解说的新老更替便会发现，即便一部分人抱着前人的文献不放，妄图无视千百年的变迁，广大国民也未必心甘情愿在一潭死水中生活。之所以不同的人们能够跨过这片狭长的国土走向一致，正是因为某一样东西凝聚了新的情感教育的根基，简而言之，这就是文艺迁徙的力量，也可以说是小野氏、铃木氏单一的世袭家族的伟大功绩。不过，她们的始祖大多消失得无影无踪了，所以现在人们对此表示否定的态度，也不能一概划为忘恩负义。

总而言之，在文艺由口头表达向书面文字转化的过程中，在这些家族中也发生了巨变，几乎忘却了自己的祖先。随着他们在某些地方定居，开启了农耕生活，妻子们慢慢退化为纯粹的家庭妇女，女性与女性的交接传承首当其冲丧失了效用。因而没过多久，音乐、歌曲、歌舞伎等也转变为男性的职业。小野阿通恰好遇到了这一转型期，其生活必定是一波三折。据《望海每谈》记载，有一女名叫阿通，曾在尾张德川家向这家的夫人传授琴技。相传她把自己的姓氏让给了一个名叫神上典膳的剑客，剑客之后更名为小野次郎右卫门。担任丰臣秀吉夫人北政所秘书的女子，也叫作小野阿通。据说这个阿通亲手修复了洛东、潘谷、玉章地藏堂的祭神，并为之着色。传说这尊神像是小野小町收集情书恋曲所作，而阿通就是这位小町的后人，所以才会如此恭敬虔诚。这一传说在《山州名迹志》等书中都有记载。虽然小野次郎右卫门的传说半真半假，但小野小町的那一个肯定不是杜撰，现在净琉璃御前本山凤来寺的“疮问答”作歌传说，在东西诸国都广为传颂，被视为小野小町信仰的重要组成部分。小町与三河国的联系由来已久，而阿通应该就是在一直默默模仿着这位不曾一睹真容的同姓前辈的吧。

六

与小野小町有关的遗址遍布全国，而针对这一情况，除了确认了其中有许多人重名之外，还发现了其他的一些难解之谜。虽然是凭空出现的，但这位小町还是留给我们不少线索，例如歌曲传世，是一位绝色美女，过着宛若飘萍一般的生活等等。多位小町的故事相互牵连，很难明确彼此的界线，因为所有歌谣里的小町都经过了润色修改，在这里就不必一一评述，而且即使是在其出场可能性最低的《玉造壮哀书》中，也无法将其单独挑出来归为别类。或许很久以来在文学史上始终将她们抽象处理成了一个人，但或许是因为杂乱无章，而使得一个接一个的传说都保持了高度一致的“小町特色”。我想，这些女性传播者应当是围绕着某一个中心来对小町的故事进行传播的。西至九州熊本附近，延伸到奥州羽州，小町冢、小町出生地的数量惊人。如果将现今流传的大量传说集中起来加以详细比较，可能就会发现，我的想法并非虚妄了吧。

把传播小野小町的故事的人直接谣传成小町本人，今天看来实在是滑稽可笑。但当传播者本人地位显赫，采用犹如神灵附体似的第一人称讲述历史的时候，十之八九就会信以为真。如今，就有人绘声绘色地描绘净琉璃御前的奇闻逸事，使用的就是三河姬第一人称的形式。这一类情况是有据可循的。例如小野阿通，一个与小野家有血缘关系的女性自称是家族的末代传人，而当她宣传自己的一位美女祖先的时候，又将如何呢？或是如果有人在与之有关联的土地上宣传氏神本尊神通广大，又或是叙说地名的来龙去脉的话呢？这显然是人们喜闻乐见的事情，而且令人信服的程度也必然高于普通的口述文学。早在奥州高馆城破哀鸿遍野之前，熊野信仰已然十分普及，今天铃木氏的一些人就是在那时迁往他处。但铃木亀井兄弟忠烈传奇仍深深根植于当地，乃至改变了家传历史。更不用说众多的小野氏自己就是神灵的侍奉者，满怀着对非同一般的祖先深深的景仰与家族的自豪感，即便一个口述历史的人本身并不是根正苗红的小野氏，他的脑海中也会留下印象深刻的启发，而这个人也会逐渐开始酝酿自家的新传说。至少，我们可以通过不止一两个的阿通的例子证明，在群雄逐鹿的战国时代行将结束之前，小野氏的女性们就已经轻启朱唇，文辞优雅地游历四方了。

七

尽管今天我们搜集来的日本民族国内迁徙史的史料相对齐整，却不知为何仍是一盘散沙，学者们常挂在嘴上的依然是虾夷、熊袭、出云族[①]之类的名词。眼下学界广泛讨论的固有文化的构成中，以上这些还占有很大的比重。不过，我所关注的仅仅是文艺发展中的些微部分，大体来说，文化迁徙有两种方式，一种是直接由甲地前往乙地，另一种是经过长时间的探索，而后逐渐定居在某一地。小野氏等就是后者中十分典型且著名的一个例子。详细解释的话还是有难度的，但可以在这里罗列几个例证。证据之一就是侍奉神灵的小野氏在全国范围之广数量极多，与面朝黄土背朝天的农民或是劈波斩浪织网打渔的渔民等的生活不同，他们所处的地位以及机遇可不是随便谁随便在哪儿都能唾手可得的。除非是悉心挑选或计划，否则想轻描淡写地占据着这一职业，几乎是痴心妄想。当然不排除其中有的自身产生年代极为古老，完全将外来者挡在了门外，但退一步来说，若不具备技高一筹的能力，断然不能成为某地的精神领袖而统御当地的信仰。是将各自信仰的氏神融入其中，还是在敬奉既有神灵的时候赋予了新的祭祀内容和方法，这两者很难一概而论。但以现有所知，至少后者的情况出现的更多一些。因此，虽然许多当事

① 均为日本土著居民。——译者注

人自己并未留意，但显然为数众多的一模一样的“小野”名号，必然是由某一共同中心向外扩散的结果。

日本神道的一大变革就是借助非同宗之人的力量侍奉神灵，这一风俗习惯并不古老，而且不局限于小野氏。现在也有许多世袭神职的人，他们并不是神的后裔，只是神的追随者的后人而已。但每当我们进一步去探究其起源时，总会与小野系列的传说正面相遇，或许这是因为小野正是推动这一习俗发展的强大动力之一吧。古时，太宰府天满宫座主三纲是菅公的后裔，其下有三宫司，亦称三家文人，三家皆姓小野。其本姓菅原，却至今无法解释为什么他们要自称小野。大阪天王寺的秋坊第五十代天台派的有妻僧人就姓小野。自元祖小野妹子，即圣德太子之臣奉命担任一山护卫，据说其后家谱从未断代，虽不知历史是否果真如此，但能够达到如此重要的地位，想必年代应是十分久远。不过关东、东北地区情况有所不同，这两地的例子似乎是出现在接近近代相对较晚的时期。总之就是同一状态持续了很长时间。不举例子的话，有信口开河之嫌，所以举个例子吧。下野足利的小野寺氏，历史上曾是当地的权贵，但还是到了近代家门才渐渐兴旺起来。从他们的名字就能看出，其取材于小野篁和小野小町，共同构成了信仰的核心。出羽的小野寺氏要比这一家更有渊源，它是《永庆军纪》时代权倾一时的名门望族，他们所供奉香火的小町村小野宫是著名的芍药产地，当地至今还保存了大量的逸闻趣事。以上这两家的迁徙都是在距离战国时代结束不远的时期。

此外，各国多担任神职的还有横山氏家族，可是却几乎没有证据显示这一家族是从小野家当中分离出来的。但武藏七党横山氏的始祖却是刑部丞官阶的野三成纲，他就是小野氏。查阅佐野本图可知，这一族迁徙到下町后更名小山，之后又再次改名为小野。加贺横山男爵家族近代曾在京都的西阵营建了一座先祖小野篁之碑。大概这家也是出自武藏的吧。在东北地区，陆中宫古附近黑森八幡神社担任横山祢宜社职，有一个传说，讲的是其祖先与和泉式部在阿波的鸣门对歌的趣事，并且在距今两百多年前的时候还建造了一块石碑以纪念此事。不过，据说这一家族是猿丸太夫[①]的后世子孙。东北地区的猿丸太夫，在《助神话》一书中已有详细记载，根源是野州日光山的神话，其中心位于会津地区，相传很久以前当地住着一位被称作朝日长者的小野氏，他的女儿朝日御前将一位来自京城的贵人有宇中将招为上门女婿，后来生下一子取名小野猿丸。这个孩子样貌颇似猿猴，但却是天生的神射手。正是他出手相助，才使得二荒大神击败了敌人。这个故事不仅收录在林道春的《二荒山神传》中，在更为久远的画卷中也有记载。据说猿丸后来成为大真名子山神，其父母也被封为男体、女宝两座山的山神。可见在东照权现[②]合祀之前，这些传说与当地信仰就已经紧密相连。参阅《日光山志》可以发现，当地也有担任神职的小野家族，不过在江户中期就销声匿迹了。因为从助神一臂之力的情节来看，其与近江传承已久的藤原秀乡的传说相同，所以我认为其应当是伴随着田原一族迁徙的产物。一方面，他们也像小野氏一样，是一些文采斐然而且亲近信仰的人。但同时，如果他们不支

---

① 即猿丸大夫。当时律令制中一位以下五位以上的官员被称为“大夫”，读作“たいふ”，也可以写作“太夫”，即猿丸太夫，可读作“さるまるだゆう”。——译者注

② 又称“东照神君”，是德川家康的神号。——译者注

持当地树大根深的大户，恐怕其事迹传说也不会如此安稳地流传于世，传播范围也不会像今天看到的这样广泛。

八

世家望族十分热衷保留那些因自己家族与神灵关系亲密而受到神灵眷顾的传说，这也是人之常情，没什么可非议的。但是在日本，情况却与侧重于某一固定形式然后全国推行有所不同。如果这是由于某一列传强有力的干预，那么小野氏的历史便是我们首当其冲要展开研究的。九州丰后佐贺关的早吸神社的神官，曾用姓氏小野，他的家族历史或许没有官方记载，但据当地民间传说，家中曾有一位美丽的女孩，嫁给大野郡沉堕渊的水神，自己也变成了蛇身神灵。每年会固定有一天回娘家留宿一晚。但有一次不小心被人看到了真容，从此她便与人世断绝了往来，永远不再现身。如今，与此多有类似的神话在我国各地都能见到。其中的一些故事讲的是女孩用计谋战胜了蛇神女婿，又安全回到了家，重新过上了平凡又祥和的生活。有些家族至今还在为家里曾出过以为这样的女神而光荣，起码当他们看到这些神话时不会表现出否定的态度。例如丰后的绪形三郎、越后的五十岚小文治，据说都是人神结合后生下的勇士的后人。我认为问题在于，姑且不论渺远的神灵时代，这些传说能够历经千山万水，让一代代人都耳熟能详，除了人们剽窃与口耳相传之外，一定应当有一个刻意传播它们的组织。可以理解，现今人们已经无法解释那究竟是何种组织或方法，但至少无可争议的是，在文字运用尚未放开手脚的时代，口头传诵是一种既安全稳定又动人心弦的表达方式。促使我们回溯到净琉璃姬以前的口述历史与其所包含的人们出身来历的全部动力，也正是来源于此。而单单关于阿通的传说，其实并不是那么关键。

此外，还有其他一些事实可以证明，小野的猿丸太夫曾帮助过神灵这一故事出自近江。据我所知，小野氏传说最为密集的地区在琵琶湖南岸一带的村落。据《三国传记》记载，小野的神主曾得到小野一万大菩萨的神谕，神灵要他前往磨针峠恭迎百济寺的源重僧都。近代被奉为辘轳师[①]祖神的小野宫的惟乔皇子曾进入小椋山，全日本号称是其所过之处留下的遗址数不胜数。还有在许多神社寺院流传的，名叫“小野时兼”的美男子，与前世因缘的平木渊龙女促膝长谈，临别时龙女将一把玉梳赠予给他。像这些神奇的故事无不是你中有我我中有你。说来就话长了，“蛇妻遗宝”的故事虽然有着各种版本，遍及九州云仙岳到北方的奥羽边界中间的广阔地域。特别是在奥羽，其与三井寺钟的由来结合在了一起。自古以来人们所尊崇的丰玉姬[②]传说亦出自同门。我觉得，对这些故事的改造，应当也同样是始于近江这片土地。

① 旋木器皿工匠，使用旋床制造木碗、木盆等木制器皿的手艺人。——译者注

② 《古事记》《日本书纪》神话中的女神，是海神之女，嫁给了彦火火出见尊，生育鸬鹚草葺不合尊。——译者注

九

近江可谓是我国首屈一指的小野氏发祥地。《新撰姓氏录》已对此进行了证实，据说如今滋贺郡和迩村大字小野就是其旧址所在地。而式内的小野神社大致就是其同名神社。但同时当地还有小野小町的陵墓，埋葬的是她的随身物品，以及供奉小野篁和小野道风的祠堂，这些人可都是近江以外，《延喜式》之后的名人。小野氏很早以前就分散到全国，《类聚三代格》中保存的延历四年的大政官符是我们手头珍贵而有说服力的资料。当时的族长，小野朝臣野主已经住在了京都。根据他向朝廷上奏的文书可知，其在近江的同宗被猿女氏的土地所引诱，与担任猿女氏的妇人结为夫妻。这一做法几乎可以说是败坏家风，实在是令他头疼。猿女还将会违背不得进献异姓女人的御令，因此奏文中他希望朝廷能够出面制止的恳切之情溢于言表。以这个简单的法令来判别的话，猿女氏虽然从古至今担任神职，名声在外，但显然身份比小野氏卑微得多。她们满心欢喜地嫁给了小野家的年轻人，同时，还往往把女系的特权也一并“陪嫁”到小野家。当然，这一类婚姻中也必然隐藏着温柔单纯的目的。例如猿女们个个生得眉清目秀婀娜多姿，又是冰雪聪明能歌善舞，时常让左邻右舍的年轻人心猿意马朝思暮想，不过这些是住在京都的家族长老们所体会不到的。在长老们看来，只有土地和这些女人家的财富才是蒙蔽人们双眼和心神的元凶。这是无法消除的代沟。自然，纵使是太政官的命令也拿你侬我侬打得火热的男男女女毫无办法。结果，当地的猿女君氏消失在了历史的尘埃里，以传说神话处世的小野氏却在之后的岁月长河中席卷了全国。《古语拾遗》很坚定地说，天钿女命[①]遗址并不是借其他家族才得以保存，但实际说的是由朝廷举行的仪式。进入平安时代后，这一家族的职能明显衰落，就连用来支撑繁荣家门的收入也变得无望。家族分崩离析，而在他们前往各国时，假借小野氏的名号将会大开方便之门。在女性外出担任公职的家族中是严禁外族插手的，因而只能由女系相继，同时这一情况明显与我国普遍的婚姻习俗非常贴合。据说，至今在这一家族的传说中仍谈到，最初就有用“猿田彦”来作为家名的。如果她们不曾做过位高权重声威赫赫的小野家的邻居，而是一代代自由地选择其他男性的名字创制新家号的话，探究日本语部盛衰的历程恐怕会变得更加艰辛。历史偶然性的价值不亚于保藏一部珍贵的文献。幸运的是，她们保留了小野之名，从而将国家特殊文艺从埋没的命运中拯救了出来。

或许可以说，造成麻烦的是小野妹子的那些正统子孙们。他们只有在情况不利于家族的时候才会开口承认，在无数名门衰落消亡的历史大背景中，唯独小野氏，以及其他少数有着类似经历的家族，能够在今天依然活跃在全国各地，长盛不衰，人才辈出。这不单得益于家族中为人妻为人母的猿女君氏们，还要对祖神钿女命心怀感激。当然，全国的小

① 也写作“天宇受卖命”，日本记纪神话中的女神，在天照大神隐入天岩屋时，曾在岩屋前跳舞。随天孙降临。系猿女君的祖先。被视为音乐歌舞的守护神。——译者注

野家族能实现今天的繁荣，还有许许多多未解之谜。既然在历代才子佳人中拥有如此众多的同姓之人，那么我很乐于看到其来历充满了天马行空的想象。

最后要说的是，关于猿女君氏血脉的传承，特别是婚姻方面特殊的习俗，对文艺史研究者而言仍有遗留问题亟待解决。在此我想探讨的是不常见的问题。比如丰后绪形氏的始祖，据说其父是生有鳞片的神灵，这很明显是对大和三轮山神灵传说的继承，而双方都拥有“大神氏”这个家名也绝非巧合。曾有人论证说或许这源于早期的迁徙移民，但在这背后，会不会有精通历史且表达技巧远在普通人之上的女性，在不露声色地发挥着作用呢？野州的田原氏曾将入龙宫的传说从故乡近江带了出来。在小野氏参与进来之后，今天我们所看到的故事可谓是奇幻莫测截然不同于以往。从小町到作州的阿通，小野氏的女性无一不是才貌双全，信仰坚定，富于梦想又自信过人。可想而知，她们中一定有一人曾侍奉过大名藤原秀乡，将技艺传授给了子孙之后悄然离去。查阅中世时代豪门的家谱，便会发现其中不乏母亲是女官，或者是游女的记载。她们从未在文学史上留下过自己的名字，却让传统永世流传。近代后，小野阿通开始与位高权重的武将为伍，逐渐成为一种独特的存在。从此以后，她们走向衰落，即便是小野一族，也不可避免地沦为平庸百姓了。

（《文学》昭和十四年五月刊）

稗田阿礼

一

《古事记》的传诵者稗田阿礼是一个女人。这一观点在已故的井上赖圀先生所作《古事记考》中已经陈述得十分清楚，但从未听到过有人重新思考这个问题，甚至连想都没有想过。然而，女性在古代日本社会中的地位却时常成为人们议论的焦点，这事难道不显得有些轻慢草率吗？如果时间允许的话，我愿意在此对这个问题进行探讨，但怎奈心中惶惶，只好退而将问题留在这里，以供日后勤于治学的新女性们前来研究。

伊势的学者们很早就提出了阿礼是女人的观点，井上先生只不过是对这一观点进行了求证。《古事记》太朝臣安万侣献序中写道："时有舍人，姓稗田，名阿礼，年二十八，人极聪慧，过目不忘，出口成诵，令其习诵帝皇日继先代旧记。"

此处也没明说这人不是男人，但所幸“稗田”这个姓氏并不多见，因而现在可以较为稳妥地确定她是出自哪一家门的女人。关于这一点的介绍收录于《大和志料》的《大倭社注进状》：“斋部连首、中臣大岛连等，奉敕令撰录稗田阿礼所述《古事记》，是为今之所见《古事记》。阿礼乃宇治土公庶子，天钿女命后裔。”又有“天钿女命之子猿女命演奏神乐，其女性后人世世代代承袭此职。”各类文献都明确记载，猿女君氏讲述天岩户的来历，以天钿女命后裔之名侍奉朝廷。而稗田阿礼乃是同一神灵的传人，也早已在《弘仁私记》序注中有所记载。在大和添上郡平和村大字稗田，因其为式内比卖神社的所在地而备受关注。也就是说，或许是由于一部分族人居住在当地，才会有人自称稗田氏而被征召入宫，这便是主要的论点。

二

上文中的猿女君氏代代都由女人传承是有其原因的。以本居先生为代表，很多人都曾质疑过，女神究竟有无子孙。不过除了亲子间的传承，像神宫的御子良子一样，仅限于少年时代任职，又比如常陆鹿岛的物忌，一生清净，即便是在除了神灵外人都不知情的情况下，也只是从固定的家庭选派工作人员。现在也能看到像这样传承家族职位的事例，绝对没说过非男人不可世袭。但因为随着时代变迁，女系相继的做法日渐稀少，所以猿女君家族着力对其特殊的情况进行了解释。《日本书纪》的《神代纪》中有记载："皇孙天钿女命敕令，汝当以现身之神名为己名。故得赐猿女君，男女皆可为君"。"现身之神"即是猿田彦命。尽管后世将传播神谕、担任人神中介称为"显祀"，但在这个官方传说之中，其不过是一个单纯负责接待的职位而已。《古事记》对其始末的记载要更为详细一些："彼于此告知于天宇受卖命，特由汝奉猿田毗古大神。其神之御名亦由汝负。猿女君等皆负猿田毗古男神之名，女即为猿女。"之后便是出海捕捞被比良夫贝咬去手臂，以及用小刀切开海参的嘴，说这个嘴不能言语等等两个滑稽的故事。《古事记》不仅交代了自称猿女君的女性侍奉朝廷的渊源，而且大篇幅记载了有关其家族的故事。如果能证明稗田阿礼是猿女君中的一类，那么便可以合情合理地推断上文两件事之间的联系了。

三

迄今为止学者们之所以怀疑女人是否有这种能力，是因为所谓阿礼口述成书的文章，包括了推古天皇在位时厩户皇子编纂的《旧事本记》等已成规模的前代文献。他们认为，对女人来说，将这些长篇大论囫囵吞枣地背诵下来是极为困难的。但有两个理由可以推翻学者们自以为是的推测。一来在今天所看到的《古事记》原文中，找不到抄录当年已有著述的痕迹，二来所谓全文背诵，其实未必单凭某人的一己之力。

作为历史文献，《古事记》有一个显著的特点，那就是前后年代的记事繁简极不平衡。时代越晚，其记述就越简略。《日本纪》中最为翔实的一部分在继体天皇之后，但这一段在《古事记》里面找都找不到。退一步说，假使当时因朝廷多有不便，正处在编修已备然而笔录未完这么一种尴尬的中间环节，需要以稗田阿礼之口来传承讲述，也不至于最后表现出如此一种状态。也就是说，阿礼所背诵的只不过是所谓流传下来的正确的传说，并不是《百八十部并公民等本纪》等历史文献。其不仅被误认为是《弘仁私记》的序文，又因为太朝臣安万侣对其由来所做的严肃说明，反而使之与原文实际不相符了。

从《古事记》的体裁以及选材上也不难看出它的传诵者是一位聪慧的女性。例如，大量动听的歌物语，全书中心是歌曲、谚语等饶有趣味的传说，夹叙一些家长里短，而涉及政坛的大事件反倒是一笔带过。事件多是琐碎断续，而且还混进了许多糊里糊涂的错误，明显不是被迫去记录历史的姿态。与其说它讲述的是史实，不如说是长久以来，爱好历史的人们汇集而成的打动人心的故事汇。履中天皇遭到弟弟墨江中王攻打，从难波皇宫仓皇出逃，途中回望烈焰冲天的宫殿，不禁黯然神伤。

临坡回望，火光熊熊，爱妻之家。

居然收录这样一首优雅的感怀之歌，可见无论是什么样的古书，其中都有着不可信的地方。同时，书中谬误何其之多，甚至到了干扰了我们怀旧之情的地步。

四

关于阿礼是舍人[①]的记载还曾遭到过驳斥，理由是“舍人”只是附会的汉字而已。不过其所在的时代，宫中身份低微的官员不论男女一律都被称作“舍人”，所以并没有太大影响。然而，真正的问题在于，这样一位女舍人怎么就那么凑巧在天皇身边服侍？同时，这还牵涉到猿女君家族从事的是何种公职的问题。例如造酒师等，许多职位的女官都是世袭的，猿女与其他人一样，依例必须列席大尝祭[②]等宫中所有公开的仪式活动。一直到后世，这都是一项极为严格的惯例。据记载，仁治三年十一月大尝祭，头一次没让猿女出席，甚至还被视为罕见的违例而遭到批评。最近在大正年间的大尝祭中虽有所省略，但元文三年圣上复兴之时，又专门将山口中务少辅的女儿定为猿女，荷田氏的启蒙书籍中也记载了此事。

这一惯例源自年代非常久远的天岩屋户的著名神话，之后每年的镇魂祭上，都会用其来对猿女君负责侍奉的原因进行说明，在我看来，或许是因为她们职责重要，所以她们才会不断重复有卦船之舞的由来传说，也正是因此她们才得以参加祭祀仪式。她们家族掌握着内容丰富的传说

① 片假名写作“トネリ”。——译者注
② 大尝祭是由庆祝水稻丰收的节日“尝新节”发展而来的日本独有神道化登基仪式，体现了日本国家与水稻的渊源，是日本天皇即位式的重要组成部分。——译者注

旧辞，然而到了平安京时代之后，猿女们所能从事的职业其实并不多，想必这与失意的斋部氏类似，由于新出现的种种原因，就此宣告了这一家族的衰落。她们的盛世早已化作云烟，如今大概不会有太多人会去回顾女人当家做主的时代吧。《古事记》中最精彩也是最重要的一段——天孙降临，尤为悉心地描绘了天宇受卖命的功绩，所以，很难说传承者凑巧就是稗田阿礼。反倒有可能恰恰因为是她这位女神的后人，才得以从一开始就担当舍人侍奉在君王左右。

然而在距《延喜式》的时代很远的从前，猿女还只不过是缝殿寮的普通一员。现在我也无法解释她为什么会隶属于缝殿寮。大概是在镇魂祭时，这个机构也需列队，着装要求绿袍绿裙，浅蓝色腰带配以绯红披肩，可是人员总数不过区区四人，所以让其他氏族来任职的情况时有发生。想来她们无法安稳地住在故乡，不能坚持自古以来的传统，也都是实属无奈吧。

五

稗田氏即为猿女君的最明确证据见于《西宫记》。“猿女依缝殿寮之解，内侍奏而补之”这一条目中写道：“延喜二十年十月十四日，昨日，尚待奏。缝殿寮奏请以稗田福贞子顶替亡故的稗田海子云云。”可见是以侄女或女儿等同宗女子来补充减员。接下来是“天历九年正月二十五日，右大臣奏。缝殿寮奏请，授大和近江国氏人以官符，顶替亡故的猿女三人，以补空缺云云。”也就是说大和北部的稗田村是她们的故乡。自平安迁都之后，大和猿女无奈势头不再，另一方面，对近江地区的同族而言，也造成了可悲的混乱局面。她们居住在靠近京城的湖西，确切地点不明。不过，猿女的农田位于今天和迩村附近，以及国境另一边山城的小野乡。后来也逐渐被周围的小野臣、和迩部臣等有势力的家族以不同的名义兼并了，猿女也被家族进献了出去。小野氏乃小野妹子之后，其族人身居要位者不可胜数，是实实在在的名门望族。据《类聚三代格》记载，小野氏以家族不纯为耻，曾主动诉其非法。“猿女兴盛国史详载之，其后未绝，今犹在世，非其氏无供猿女。乱先代神事，污氏族后裔，经年累月恐旧制复苏，万望所司严加捉搦，断其所用，则可得祭礼无滥，家风可正。”显而易见，弘仁年间，天钿女后裔的卑微地位，与小野氏的权势相比可谓是天壤之别。

小野、和迩部两家霸占农田，大发横财，毫无羞愧之感地进献猿女，其实是想用婚嫁之道让外孙女继承巫女职位。即使朝廷发现了这一弊病，有心加以改正，将其限制于正统门庭，也不是一朝一夕就可以奏效的，现实情况已是积重难返。斋部广成在《古语拾遗》中早就谴责了用外姓人继承天钿女命遗址的做法，情况大致与此类似，目的并非是清退原本就具备资格的人，胡乱霸占职务，而是要运用婚姻顺序，不知不觉地将血脉和传统引向家族之外。在日本这种以重视择良婿而闻名的社会，尤其是在追求世代女系相继的时候，不会落入新家族法则的窠臼，母亲的特权也会自然而然跟随着女儿向外转移。

因此，结果就像左中弁兼摄津守的小野朝臣野主等人担心的那样，一段时间之后，旧制复苏，小野氏成为神主家族，逐渐分散到了各国。去年我曾对“猿丸太夫助神”日光及其他文献进行了研究，发现了一个应该叫作“猿女小野氏”的部族，起源于近江，后来迁徙到相距甚远的东西各国，在当地侍奉神灵，并产生了新一系列的神话故事。虽说蛇身神挑选清丽俊秀之人作为配偶的传说未必是其一家独有，但其中神灵与蜈蚣大战并向勇士求助的情节，显然是发源于近江，之后才传播到下野奥州山中去的。其参与者不是猿丸太夫就是小野氏，都是今天神职人员的始祖。因而可以推测，与小野家融合的猿女君后裔，离开了久居的故土之后，在各地都留下过治理统御的痕迹。

六

在熊野的榎本、铃木以及越后的五十岚氏等都与此类似，不过像小野氏的迁徙这样持久、系统、完整且易于追本溯源的例子并不多见。通过日后的一些比较调查，或许能够进一步了解这一家族兴起的时代和具体的情况。小野小町在各国留下了大量的陵墓和传说，关于其出身也有着形形色色的说法，而又包含了诸多共同之处，有力地证明了小野氏确乎是离散到了各地，而从其名字就能看出，自《古今集》所描述的时期开始，她们就以吟咏歌谣为生，终日漂泊无依，绝非普通家庭的妻女。很有可能扎根武藏的小野氏也同样是来自近江的移民，但在确认之前，以下野的足利学校为代表，各个关联并不明显的地方纷纷表示小野篁曾移居当地。想必这都是那些坚信家门尊贵之人所言。不过，关于篁曾往来于地狱的说法，在京都倒是颇有历史。在近江琵琶湖对面南岸的村庄中，保存了不少脍炙人口的小野氏传说，其中最重要的一个就是辘轳师祖神谈。这个故事可以确信不是近代伪作，而今天仍有人信奉小野宫的惟乔亲王并且保持着作为其子孙的自豪之情，这个证据着实令人同情。在现今史学家们认可的文献族谱之中，这位亲王的生平事迹也是七零八落。

从传统上对地形的命名来说，有“小野”，显然就应该相应有一处“大野”。不仅是在京都四周，远近各地都有“小野”村，其中居民的家号自然会被称为小野，多数小野氏也认可彼此独立互无关联。一些空洞的新理论称，这个家族之所以迁徙是因为他们祖辈各族生活能力高低悬殊，其中大部分都已绝迹，被滚滚的历史车轮碾作了尘埃，只有少数适应了社会，这些人不断扩大家族规模，从而产生了无尽的分支。但事实未必如此。我收集各地小野氏长久以来用信仰力量统一村落乡镇的实例，以及自古以来小野氏世袭管理大社大寺的大量事实，进而从不同地区珍藏的家传物语内容相似这一点出发做出了论断，我相信这种较为烦琐的归纳法应该是有可取之处的。只要有反对的例证，终将被人们发现，不过如果没有的话，我想结论大概就是这个样子了。

这样一想，日本远古的故事之中改头换面，但精髓传承至今的例子竟然出乎意料得多。神子降临就是其中最重要的一个，与之一同而来的还有国神归顺的故事，以及人神通婚生下具有灵力的半人半神，永远引领一方文化，保卫乡里安宁的故事等等，只要前代朝廷语部的子孙们仍保留着一点调和风土民情的智慧，就不会满脑子只有歌舞。很多人对那些支离破碎的外国古老神话见怪不怪，一心一意想要引进既存学说，对他们而言，日本的民间文艺似乎有些太过连贯，甚至会让人误以为是近期的仿造品。不过，也正是我们成长生活的这个国家，才使得我们能够摸索感知人性的自然变化，尤其是在人类面对不可知时感觉上的些微变化波动。而保管养育这些丰富资料的猿女君氏中的一个杰出代表，我们居然仍未能确定其究竟是“他”还是“她”。不能不说，现在日本史学的繁荣是何等的孱弱不堪。

七

幸运的是，除了名字，还有许许多多的传统保存在了杂七杂八的文献史料之外，这让我们能够去思考这样一个富有生命力的大家族是如何做到经久不衰的。例如木地引小椋氏的小野神信仰，从他们机敏、明辨、热情的历史自豪感和随心所欲旅行的嗜好中可以看出他们仍流淌着猿女君的血液。在勺子早已成为日用品的时代，他们仍保留着古朴的勺子舞，自我陶醉其中，以至感召了当地居民，使其也加入了他们的行列。而其主观的弱点就是不久后辘轳师终成山中流民，妨碍了猿女在帝都文艺界独领风骚的地位。

小野一族继承了猿女的血脉，他们的迁徙就像上古时期的宇治土公氏从伊势迁往大和、近江一样，多少代人都在进行宿命般的轮回。如今，已经很难逐一判别其在不同时代所具有的不同特色，但还是有希望通过我们的力量解释其整个脉络和前后关联。好比猿女这一氏名的由来，表面上是可以解释为他们背负了现身的神灵的名号，但被称为“猿”的最根本的原因却仍然无从得知。《古史传》也注意到了这一点，这些表演据说是对过去猿田彦命奇异而罕见的经历的模仿，之后又保留在女神世界里，同天岩屋户的神话类似，既滑稽又低俗，因而双方都被冠以如此古怪的名字。尽管有着各种各样的解释，但“猿乐”的词源非此莫属，想必这也是他们被逐渐从肃穆的神事活动中驱逐出来的原因吧。

这一习俗在小野一族的移民中还保存有多少，以及之后向怎样的方向发展，都是我一直以来上下求索的问题。在近江山中一隅，也就是在都城的东南，据说保存了猿丸太夫的遗迹。“猿丸”虽然只是给猴子起的一个拟人的称呼，但在很多地方都将其奉为神灵或是祖先。加贺金泽附近的笠舞猿丸宫有一个传说，讲的是猿丸被召入宫中舞蹈，因相貌丑陋，所以用伞遮挡面部，这个传说虽然相对模糊，但也可从中一窥当时的背景。能登半岛的三崎权现中，高座、金分两神社的神主不姓小野而是猿芽，或许也隶属于同一传说系统吧。

野州二荒的旧祠官不但自称小野氏，而且还说是猿丸太夫的后人。这座神社大型祭祀活动的一个特色惯例就是在行列中加入猴子，并且由近国地区的耍猴艺人出任神职。这个国家与“牵猴”渊源颇深，据说，纪州贵志养猴人的本宗即为小山氏，家纹与下野的小山家一样，都是“二巴”[①]。而这个小山氏，似乎就是那个将猿丸太夫帮助龙王战胜蜈蚣的神话故事，从近江带过来的田原家的一支，而且我认为这一变迁绝非出于偶然。这是证明了猿女君氏向外扩张的又一生动案例，同时也告诉我们，这个时候已经有一部分人逐渐开始用耍猴的技艺来取代由人表演的猴舞了。

八

然而说起人表演猴舞，以壬生的念佛狂言为代表，时至今日仍能看到不少遗留下来的痕迹，而且不限于箭囊猴等模仿类猴戏。由于其中大部分都是宗教仪式，所以即便我们不清楚让猴子在马厩前舞蹈的风俗究竟何时传入日本，也不能断定这样的猴舞表演是之后渐渐进入宗教仪式的。在日向饭隈山的新熊野三社权现，就有被称作猿神乐的传统仪式。据说在往古宫山上还是树木茂盛郁郁葱葱的时代，连续祭祀三日之后会有白猿从山上下来，跟随神乐节奏翩翩起舞，反过来，这恰恰证明了如果不是由人来表演舞蹈，压根不可能如此奇幻。也有一些歌舞的情节讲述的是在遥远的槵触峰神话时代，就有名叫猿田的国神恭迎天孙的传说。猿田、猿女两尊神灵参加祭祀演出滑稽戏来娱乐村人的例子很多，尽管因其在某种程度上与正式仪礼不符，所以招致部分学者的怀疑和敌视，

① 巴徽，家徽的名称，呈旋涡状，按照其个数称“一巴”“二巴”“三巴”等。——译者注

反而是作为文化中轴的朝廷，时常为了顺应时代需要而改革制度，因此，如果不经过细致入微的对比研究，便无法准确判断这些散落民间资料是新是旧。

举例来说，肥后国的木叶猿，其丑陋的形态至今仍依仗某种信仰而备受珍视。又比如东京附近的足利郡三木山王社的社殿中放置的一座极为露骨的公猴像，据说偷偷来此祷告的人绝不在少数。将这些视为后世的新创造委实有些不合道理，但又因为它们是自古流传的习俗，甚至至今人们仍与其难以割舍，所以在这种情况下，对于一个治学之人而言，不仅没有为了那些想要了解固有宗教最初面貌的人准备充足的资料，甚至连为什么没有资料都不去想，只是一味地愁眉苦脸，这绝非可取的态度。近代在大和桧隈墓[①]附近挖掘出来的男女四座石像，在考古学家之中引起了轩然大波，而当地居民看罢则说是猿石或山王权现。其丑陋猥琐的外形与木叶猿、三木的猿神如出一辙，经《古事记传》等确认过的说法是这些石像年代久远，刻画的是钿女命舞蹈的形象，雕刻它们的目的是为了唤回陵寝中的魂魄。总之，猿女氏的舞蹈多是些袒胸露乳，裸露下身，神灵附体之类，因而才会被朝廷从正式仪式中除名，驱逐到了乡野边远之地。虽然它遭遇了灾难性的没落，但同时也得以在边远地区流传至今。

① 桧隈墓为吉备姬（皇极天皇及孝德天皇的生母）之墓。——译者注

九

最后一个问题，我个人认为非常重要——稗田舍人阿礼这个名字。“阿礼”在进入平安时代以后，通常仅限用于上下贺茂神社之内，称作“阿利少女”，代指的是贺茂斋院的姬君。不过词义也表示“有”或“在”的动作，也就是出现或现身。显然，被神灵附体的少女也同样会使用这个称呼。此外，在贺茂还有凡人少女生出天神之子的神话传说。因此，很早就产生了所谓“御生野”神事，而“御生”也可以解释为神灵的诞生。自然，这些也都成为神灵现身的重要事例。在由妇女世代担任侍奉者的日本神道中，还存在许多类型相同，而形式却丰富多彩的传说。被神灵附体，借助神力讲经说道，在我们的祖先看来，她这就属于“御生”，也就是神灵降生。贴合这一解释的有宫、有木传说遍及各国，并且九州流传甚广的俊宽僧都传说，据说也留下了附体者“有王”从都城而来的遗迹。这些都是“阿礼”这个词汇的延伸用法扎根当地的表现。在奥州边境地区至今仍将被神附体的人称作“阿礼正”[①]。即便是身份卑微的漂泊女子，只要是传名“御生”，其所言便会有人相信。一个稗田氏的阿礼传诵的范围十分有限，但她们创作的一部《古事记》却永远在民间

① 原文写作“アリマサ”。——译者注

散发着生机与活力。已大半埋没在历史尘埃中的猿女君氏，让那些在朝廷中日渐衰微的艺术来到了民间，并为之开拓了无垠的乐土，直至今日仍旧百花齐放。这正如众多新女性所表达的那样，在日本传统文化中，女性始终居于举足轻重的地位。

（昭和二年十二月《早稻田文学》）

图书在版编目(CIP) 数据

女性的灵力 /（日）柳田国男著 ；姚奕崴，张琦译
. -- 重庆 ：西南师范大学出版社，2017.4
（柳田国男选集）
ISBN 978-7-5621-8656-4

Ⅰ. ①女… Ⅱ. ①柳… ②姚… ③张… Ⅲ. ①巫术－研究－日本 Ⅳ. ①B993.13

中国版本图书馆CIP数据核字(2017)第065287号

女性的灵力

NÜXING DE LINGLI

[日] 柳田国男（やなぎた くにお） 著 姚奕崴 张琦 译

出 品 人：米加德
总 策 划：卢 旭 彦吴桐
责任编辑：段小佳
特约编辑：沈琳彦 刘 杨
装帧设计：谷亚楠 朱海英 陈雅欣
出版发行：西南师范大学出版社
重庆市北碚区天生路2号 邮编：400715
http：//www.xscbs.com
市场营销部电话：023-68868624
印 刷：重庆紫石东南印务有限公司
字 数：200千字
开 本：890mm×1240mm 1/32
印 张：8.5
版 次：2017年8月第1版
印 次：2017年8月第1次
书 号：ISBN 978-7-5621-8656-4

定 价：39.00元

读者回函表
Readers
WIPUB BOOKS

姓名：＿＿＿＿＿＿ 性别：＿＿＿ 年龄：＿＿＿ 职业：＿＿＿＿ 教育程度：＿＿＿

邮寄地址：＿＿＿＿＿＿＿＿＿＿＿＿＿＿＿＿＿＿＿ 邮编：＿＿＿＿
E-mail：＿＿＿＿＿＿＿＿＿＿＿＿ 电话：＿＿＿＿＿＿＿＿＿＿

您所购买的书籍名称： 《女性的灵力》

您对本书的评价：

书名： □满意 □一般 □不满意 ┆ 故事情节： □满意 □一般 □不满意
翻译： □满意 □一般 □不满意 ┆ 书籍设计： □满意 □一般 □不满意
纸张： □满意 □一般 □不满意 ┆ 印刷质量： □满意 □一般 □不满意
价格： □便宜 □正好 □贵了 ┆ 整体感觉： □满意 □一般 □不满意

您的阅读渠道（多选）：□书店 □网上书店 □图书馆借阅 □超市/便利店
□朋友借阅 □找电子版 □其他 ＿＿＿＿＿＿

您是如何得知一本新书的呢（多选）：□别人介绍 □逛书店偶然看到 □网络信息
□杂志与报纸新闻 □广播节目 □电视节目 □其他 ＿＿＿＿＿＿

购买新书时您会注意以下哪些地方？
□封面设计 □书名 □出版社 □封面、封底文字 □腰封文字 □前言后记
□名家推荐 □目录

您喜欢的书籍类型：
□文学-奇幻小说 □文学-侦探/推理小说 □文学-情感小说 □文学-散文随笔
□文学-历史小说 □文学-青春励志小说 □文学-传记
□经管 □艺术 □旅游 □历史 □军事 □教育/心理 □成功/励志
□生活 □科技 □其他＿＿＿＿

请列出3本您最近想买的书：＿＿＿＿＿＿、＿＿＿＿＿＿、＿＿＿＿＿＿

请您提出宝贵建议：＿＿＿＿＿＿＿＿＿＿＿＿＿＿＿＿＿＿＿＿＿＿＿＿＿
＿＿＿＿＿＿＿＿＿＿＿＿＿＿＿＿＿＿＿＿＿＿＿＿＿＿＿＿＿＿＿＿

★感谢您购买本书，请将本表填好后，扫描或拍照后发电子邮件至wipub_sh@126.com和xscbsr@sina.com，您的意见对我们很珍贵。祝您阅读愉快！

图书翻译者征集

为进一步提高我们引进版图书的译文质量，也为翻译爱好者搭建一个展示自己的舞台，现面向全国诚征外文书籍的翻译者。如果您对此感兴趣，也具备翻译外文书籍的能力，就请赶快联系我们吧！

您是否有过图书翻译的经验：□有（译作举例：______________________________）
□没有

您擅长的语种：□英语　□法语　□日语　□德语
□韩语　□西班牙语　□其他______________________________

您希望翻译的书籍类型：□文学　□生活　□心理　□其他________________

请将上述问题填写好、扫描或拍照后，发电子邮件至wipub_sh@126.com和xscbsr@sina.com，同时请将您的译者应征简历添加至邮件附件，简历中请着重说明您的外语水平等。

期待您的参与！

西南师范大学出版社
上海万墨轩图书有限公司

更多好书资讯，敬请关注

万墨轩图书　　西南师范大学出版社

文学 · 心理 · 经管 · 社科

艺术影响生活，文化改变人生